Surdouées

Le haut quotient intellectuel chez les femmes

Camille Zyrh

Surdouées

Le haut quotient intellectuel chez les femmes

© L'Harmattan, 2018
5-7, rue de l'Ecole-Polytechnique, 75005 Paris

http://www.editions-harmattan.fr

ISBN : 978-2-343-14850-2
EAN : 9782343148502

« Votre mot favori ?
– Liberté. Parce que la liberté est deux fois plus difficile à obtenir, et à préserver, quand on est une femme. »

Hélène Grimaud

Sommaire

Introduction 11

1 - La douance au féminin, un sujet récent 13
A - La douance : historique et définition 13
B - Les pionniers de la douance au féminin 16
C - Un sujet récent en France 19
D - Des caractéristiques particulières 20

2 - Des femmes surdouées défavorisées ? 23
A - Filles versus garçons surdoués 23
   a - Une détection insuffisante 23
   b - Une infériorité numérique 25
   c - Des femmes qui « disparaissent » ? 27
B - En société 34
   a - Une estime de soi basse 34
   b - Des barrières externes 35
   c - Le syndrome du caméléon 39
   d - Les risques 44

3 - Vie personnelle et turbulences 49
A - Douance et parentalité 49
   a - Quand tout se passe bien 49
   b - Le risque de suradaptation 53
   c - Le parent coach 55
   d - Le parent jaloux 56
B - En couple 56
   a - Couple et harmonie 56
   b - Intensité et indépendance 57
   c - Le difficile équilibre 61
C - La question des enfants 62
   a - Un rapport complexe à la maternité 62
   b - Femmes de tête, mères atypiques 65

  c - Les mères au foyer 68
D - La vie amicale 69

4 - Vie professionnelle **71**
A - Les surdoués au travail 72
  a - Des difficultés d'adaptation 72
  b - Les difficultés relationnelles 75
B - Les femmes surdouées au travail 78
  a - Un côté masculin mal perçu 78
  b - Trop gentilles ? 79
  c - Un risque de burn out 80
  d - Le syndrome de l'imposteur 81

5 - Une éducation **83**
A - Les filles surdouées à l'école 83
B - Le rôle des parents 85

6 - Surdouées et créatives **91**
A - Les individus créatifs 91
B - Féminité et créativité 93
C - Les avantages, les inconvénients 96
D - Portrait : Oriana Fallaci 100

7 - Douance et maltraitance familiale **109**
A - Hypothèses 109
B - Plus, ou moins résilients ? 111
C - Le cas du parent pervers narcissique 116

Conclusion 123
Notes 125
Remerciements 131

Introduction

« Pitié, pas un sujet de bonne femme ! » : voilà, je l'avoue, la première idée qui m'a traversé l'esprit, lorsqu'une connaissance m'a suggéré de rédiger ce livre consacré aux femmes surdouées. Ce n'est qu'un an plus tard, lorsque j'ai découvert une biographie de la journaliste Oriana Fallaci, que j'ai enfin eu le cœur à l'ouvrage.

Pourquoi cette curiosité envers elle ? Pourquoi, à chaque fois que la lassitude et le découragement me saisissaient, suffisait-il que je pense à elle pour retourner à ma table de travail ? Pendant l'adolescence, j'avais lu avec beaucoup d'enthousiasme une biographie, ainsi que plusieurs magazines, consacrés à la vie d'Éric Tabarly. Ces lectures m'avaient fascinée : Tabarly était un homme qui avait eu le courage de forger son destin, de créer ses propres contraintes. Et ce sont ces qualités, dites masculines, que j'ai retrouvées chez Oriana : chez elle, mais aussi chez beaucoup de femmes surdouées. Alors, non, décidément, ce n'était pas qu'un sujet « de bonne femme ».

Ce livre sera évidemment imparfait, mais il essaye d'apporter un éclairage nouveau sur ce sujet assez méconnu en France. Les femmes surdouées qui mènent une existence très satisfaisante et heureuse existent : que les mères de petites « zèbres » se rassurent ! Mais il était intéressant d'explorer les difficultés spécifiques que certaines de ces femmes peuvent rencontrer.

On voudrait tout dire dans un premier livre. J'aurais voulu évoquer toutes ces femmes exceptionnelles que j'ai découvertes au gré de mes lectures. Faire revivre, l'espace d'un instant, la réalisatrice Lotte Reiniger, l'écrivain Karen Blixen, le Docteur Madeleine Pelletier, la philosophe Simone Weil, l'aventurière Isabelle Eberhardt…

Ces nombreuses femmes qui ont bravé leur époque et les conventions sociales, ce livre leur est dédié - ainsi qu'à toutes celles qui leur emboîteront le pas.

1.
La douance au féminin, un sujet récent

A - La douance, historique et définition

> « Surdoué : individu dont les capacités intellectuelles sont très supérieures à la moyenne. »
>
> Dictionnaire Larousse

L'intérêt scientifique pour la douance a débuté en 1869, avec la parution de *Hereditary Genius,* écrit par l'homme de sciences britannique Francis Galton. Dans son livre, Galton présentait une étude des biographies d'hommes éminents : il cherchait ainsi à élaborer un moyen permettant de sélectionner scientifiquement « l'élite » du Royaume-Uni.

Mais c'est en France que les premiers tests permettant de mesurer le développement de l'intelligence cognitive ont été élaborés, en 1905, par Alfred Binet. Binet dirigeait un laboratoire de psychologie expérimentale : il élabora ces tests à la demande du gouvernement français, afin de prédire la réussite scolaire des élèves.

Le psychologue David Wechsler a ensuite conçu en 1938 le premier test métrique couramment utilisé en Amérique du Nord : la WBIS (Wechsler-Bellevue Intelligence Scale). Cette échelle permettait d'analyser plusieurs composantes de l'intelligence, et les tests les plus utilisés de nos jours correspondent à des versions réactualisées de cette échelle métrique élaborée par Wechsler (WISC, WAIS).

Actuellement, seuls des tests de quotient intellectuel réalisés auprès d'un psychologue permettent d'aboutir à un diagnostic reconnu. Le quotient intellectuel (ou QI) est la mesure qui permet d'évaluer le niveau intellectuel d'un individu. Les tests sont composés d'une série d'épreuves permettant d'identifier les capacités de l'individu à résoudre des problèmes, et de rendre compte de certains aspects de son fonctionnement intellectuel (capacités déductives et analogiques, etc.). Le chiffre de quotient intellectuel nécessaire pour être considéré comme un individu à haut potentiel n'est pas défini très clairement. En France, et pour l'Organisation Mondiale de la Santé (OMS), ce chiffre a été fixé à 130 (c'est-à-dire 2,3% de la population). Mais certains spécialistes de la douance (comme les psychologues James T. Webb et Jean-Charles Terrassier) estiment que les individus faisant partie des 5% des individus les plus intelligents (c'est-à-dire les individus possédant un QI de 125 ou plus) devraient eux aussi être considérés comme des individus surdoués. Et dans certains états américains, on considère même qu'un individu est surdoué dès qu'il obtient 120 (ou plus) aux tests de quotient intellectuel.

Quant au concept même d'intelligence, il reste, encore aujourd'hui, controversé. Certains auteurs, comme le psychologue Howard Gardner, soutiennent que les notions d'intelligence logico-mathématique et verbo-linguistique, mesurées dans les tests de QI actuels, sont restrictives. Selon lui, il faudrait également prendre en compte d'autres types d'intelligences (théorie dite des « intelligences multiples ») comme l'intelligence corporelle-kinesthésique par exemple. Cependant, on peut se demander si Gardner ne fait pas une certaine confusion entre ce qui relève d'un talent spécifique, et ce qui relève du don intellectuel. En conséquence, certains psychologues et chercheurs américains incluent dans la catégorie des surdoués des individus particulièrement créatifs ou talentueux dans une discipline, sans tenir compte de leur quotient intellectuel. Or ces différences dans la définition de la douance peuvent poser problème, car quand des études sont réalisées sur le sujet aux Etats-Unis, elles le sont donc parfois selon des critères différents de ceux établis en France.

Selon le psychologue Daniel Goleman, l'intelligence dite « émotionnelle » devrait également être prise en compte, car elle serait un meilleur prédicteur de réussite que le quotient intellectuel. Il cite en 2003, dans son ouvrage *L'intelligence émotionnelle*[1], une étude réalisée auprès d'étudiants. Dans cette étude, il apparaissait que les étudiants qui avaient le quotient intellectuel le plus élevé à leur entrée à l'université n'étaient pas forcément ceux qui avaient le mieux réussi leurs études en fin de cursus : l'intelligence émotionnelle (intrapersonnelle et interpersonnelle) se révélait être un meilleur marqueur de réussite.

Mais la réussite, telle qu'elle est définie ici par Goleman (c'est-à-dire une réussite professionnelle et financière validée par la société), correspond-elle vraiment à ce que les individus surdoués considèrent comme une vie réussie ? Pour ces individus avides de connaissances, les gratifications extérieures sont parfois moins importantes que le plaisir de la découverte et de l'apprentissage, et ils rencontrent souvent des difficultés à s'investir dans un seul domaine à l'exclusion des autres. Cette attitude, qui est sans doute pénalisante à court terme, ne leur permet-elle pas, à long terme, de créer des ponts inédits entre les différents domaines de connaissance ?

B - Les pionniers de la douance « au féminin »

Leta Hollingworth (1886-1939)

Leta Hollingworth était une psychologue spécialiste des questions d'éducation. Elle était vraisemblablement un enfant précoce, car sa mère, qui avait tenu un journal de sa première année de vie, avait noté qu'elle avait souri dès son deuxième jour, et qu'elle avait commencé à imiter son entourage avant l'âge de trois mois. Leta entre à l'université à l'âge de 16 ans, se marie jeune et déménage à New York. Elle y découvre que son statut de femme mariée l'empêche de travailler dans l'enseignement, et sombre dans la dépression. Encouragée par son mari, elle reprend alors des études à l'université de Columbia, et commence à travailler en 1914 dans un institut où elle administre les tests d'intelligence de Binet à des enfants mentalement déficients. Ce travail la conduit à s'intéresser aux enfants intellectuellement doués à partir de 1920. Contrairement à Terman, elle ne considérait pas que la douance était uniquement génétique, mais qu'elle était aussi le résultat d'influences culturelles et familiales. Elle suivit les enfants qu'elle avait étudiés sur de nombreuses années, et affirma que ceux qui avaient un QI supérieur à 125 perdaient la moitié de leur temps à l'école, tandis que ceux qui avaient un QI supérieur à 145 perdaient *la totalité* de leur temps en suivant un enseignement classique. Elle créa deux classes d'enfants précoces au sein d'une école publique à New York en 1922, et fut la première à effectuer des recherches scientifiques sur les capacités intellectuelles des filles et des femmes surdouées. En 1926, elle publia un livre, *Gifted children*, sur les enfants qu'elle avait suivis ; et sa dernière publication, qui portait sur les enfants possédant un QI supérieur à 150, fut achevée et publiée par son mari, après sa mort, en 1942.

Lewis Terman (1877-1956)

Les surdoués sont au cœur de la plus longue expérience jamais réalisée en psychologie dans le monde : Lewis Terman est l'auteur de cette étude dite « Etude génétique des génies », qui a débuté en 1921 et n'est pas encore terminée à l'heure où j'écris ces lignes. L'idée était de suivre et d'étudier tout au long de leur vie plus d'un millier de personnes possédant un quotient intellectuel très supérieur à la norme. Terman était étudiant en psychologie : en 1908, il découvre l'échelle de mesure de l'intelligence mise au point par Binet, et commence à tester des enfants dès 1911. Puis en 1921, avec le soutien de l'université de Stanford, il étend ses recherches aux grandes villes. Les enfants sont soumis à une forme abrégée du test (appelé le « Stanford-Binet ») : s'ils obtiennent 130, ils sont soumis aux tests complets, et ceux qui obtiennent 140 ou plus au test final sont retenus. Les fratries sont également testées. 1528 enfants sont sélectionnés, et ils doivent répondre à des questionnaires. La masse d'informations récoltée est très importante : elle couvre un grand nombre de données, comme les aspects intellectuels, les centres d'intérêt, le caractère, la santé et l'environnement.

Avant-gardiste, Terman inclut des femmes dans son étude, à une époque où l'étude de l'intelligence équivalait à l'étude des hommes éminents, et il s'entoure de jeunes étudiantes pour effectuer ses recherches. Cette étude est donc exceptionnelle à plusieurs titres : par sa mixité, par son envergure (plus de 1500 sujets testés), par sa durée (77 ans), et par le nombre de données récoltées (1646 pages).

Quelques critiques cependant : Terman s'est appuyé sur les maîtres pour sélectionner les enfants, ce qui constitue un biais dans l'étude. En effet, les maîtres ont tendance à sélectionner des enfants adaptés au modèle scolaire. Conscient de ce défaut, Terman effectuera une contre-épreuve dans trois écoles : il demandera aux maîtres de ces écoles d'effectuer leur sélection, puis testera tous les enfants de l'école. Il obtiendra alors 25% en plus d'enfants surdoués ! De plus, Terman avait déclaré qu'il souhaitait détruire la croyance selon laquelle la douance entraînerait des désordres affectifs et sociaux : cette volonté affichée constitue un biais en soi. Il a également reconnu que ses sujets étaient presque tous issus de la classe moyenne, et il a sélectionné des enfants ayant un quotient intellectuel supérieur à 140, ce qui ne correspond pas au seuil de 130 reconnu aujourd'hui. Or il existe certaines différences entre les comportements et traits de caractère des HQI (haut quotient intellectuel) et des THQI (très haut quotient intellectuel). Enfin, la reconnaissance de leur douance a sans doute exercé une influence positive sur le devenir des sujets de son étude.

C - Un sujet récent en France

En France, c'est le biologiste et entomologiste français Rémy Chauvin, qui le premier, en 1975, a promu l'usage du terme de « surdoué » auprès du grand public, dans son ouvrage intitulé *Les surdoués*. Ce terme a par la suite été repris par Jean-Charles Terrassier, psychologue de l'enfance, dans son ouvrage *Les enfants surdoués ou la précocité embarrassante*, en 1981. Puis le sujet a été popularisé auprès du grand public dans les années 2000, notamment grâce aux ouvrages d'Arielle Adda, et la communauté scientifique s'est enfin emparée du sujet. Jusqu'à la fin des années 90, 19 ouvrages avaient été publiés sur le sujet en France ; puis entre 2000 et 2007, les maisons d'édition en ont publié... 82.

Dans l'hexagone, il subsiste une certaine réticence à évoquer le sujet publiquement : les membres de Mensa (club international de personnes à haut potentiel), par exemple, ne mentionnent que très rarement leur appartenance à l'association dans leur curriculum vitae, alors qu'aux Etats-Unis cette pratique est courante et valorisante. Certains spécialistes de la douance conseillent même de ne pas parler de sa douance à son cercle familial ou amical, ou alors avec une extrême prudence : l'individu surdoué, en France, se doit de montrer un profil bas. Et même si le thème de la douance est plus populaire, il persiste une culture française de la discrétion : Wilfried Lignier rapporte par exemple, dans son livre *La petite noblesse de l'intelligence*[2] publié en 2012, le témoignage d'une psychologue qui révèle que les parents qui la consultent, la plupart du temps, s'excusent d'avoir osé penser que leur enfant puisse être surdoué !

Pourquoi ? Sans doute parce que notre pays s'est fondé sur une idéologie égalitaire : il persiste la peur d'une sélection qui défavoriserait les individus d'intelligence moyenne. Dans l'esprit de certains, c'est même prendre le risque d'un possible eugénisme. Pourtant, il est curieux de constater que des sections spéciales existent pour les élèves doués en sport, mais pas pour ceux doués intellectuellement. Et comme le suggérait Rémy Chauvin, imposer à un enfant surdoué d'étudier de la même façon qu'un enfant d'intelligence moyenne pourrait équivaloir à forcer un enfant d'intelligence moyenne à étudier de la même façon qu'un déficient mental.

En ce qui concerne la douance des femmes, quand on tape les mots « femmes surdouées » sur Google, on obtient très peu de résultats en français, en comparaison des résultats obtenus lors d'une recherche en anglais. Mais il est assez logique que le retard français au sujet de la douance en général, se soit répercuté sur le sujet de la douance féminine.

D - Des caractéristiques particulières

La douance entraîne une façon d'être au monde particulière : l'intensité, la complexité des individus surdoués les amènent à se sentir différents de la norme. Qu'en est-il pour les filles surdouées ? En quoi sont-elles différentes des autres petites filles, mais également des garçons qui sont dans la même classe intellectuelle qu'elles ?

Le psychologue Aron Coriat, dans son livre *Les enfants surdoués*[3] (1987), a tenté de définir leurs particularités à partir d'études scientifiques :

- Comme les garçons surdoués, les filles possédant un quotient intellectuel au-dessus de la norme ont un haut niveau de réflexion et de curiosité intellectuelle.
- Par rapport à leurs amies non surdouées, elles sont d'une plus grande tolérance, plus autonomes, plus modestes et plus originales.
- Elles ont plus de hobbies, lisent plus, s'intéressent plus aux arts, participent plus aux jeux de groupe, ont plus de compagnons imaginaires. Elles ont également plus d'angoisses infantiles, plus de rêveries, et moins de hobbies scientifiques, moins de créations mécaniques ou électroniques, et s'intéressent moins aux sciences exactes que les garçons.
- Si ces filles surdouées ne sont pas aussi tentées que les garçons par les sciences exactes, elles le sont, en revanche, beaucoup plus que la moyenne féminine générale.
- Il y aurait moins de différences de personnalité entre les filles surdouées et les filles qui ne le sont pas qu'entre les garçons surdoués et les garçons non surdoués.

D'autres auteurs ont également relevé ultérieurement certaines caractéristiques :

- Stapf (2003)[4] a démontré que les différences d'intérêts entre filles et garçons surdoués diminuent avec le potentiel intellectuel croissant, et les différences à l'intérieur d'un groupe de même sexe sont beaucoup plus importantes que celles observées entre filles et garçons à haut potentiel.
- La psychologue Linda Silverman (1986)[5] a montré qu'elles maîtrisent plus tôt le langage, la lecture et l'écriture.

- La psychologue Barbara Kerr (1985)[6] a démontré que les filles surdouées ressemblent davantage aux garçons qu'aux autres filles dans leurs centres d'intérêt, aspirations et jeux (résolution de problèmes, activités de plein air, sport...), mais qu'elles gardent des centres d'intérêt « féminins » : poupée, magazines. En revanche, on ne sait pas si elles acquièrent ces centres d'intérêt « féminins » pour tenter de s'adapter, ou si elles les possèdent naturellement.

2.
Des femmes surdouées défavorisées ?

A - Filles versus garçons surdoués

a - Une détection insuffisante

Dans un article[7] du New York Times publié en 2014, le journaliste Seth Stephens-Davidowitz présentait une découverte « amusante » : il avait en effet constaté que les parents demandaient deux fois et demie plus souvent si leur fils était surdoué que leur fille, sur le moteur de recherche Google. Et pour leur fille, la demande la plus fréquente était de savoir si celle-ci était... en surpoids.

Pourquoi ce traitement différent ?

Les filles surdouées seraient moins facilement repérées car elles sont moins turbulentes : la psychologue Chloé Persod, dans une étude[8] parue en 2010 et réalisée dans son cabinet sur une période de 5 ans, a constaté et analysé ce « défaut de dépistage » : selon elle, les parents feraient moins tester leurs filles car elles ont moins de problèmes comportementaux à l'école, et que leurs résultats scolaires sont bons. Leurs parents les emmènent également moins chez un psychologue pour tenter de résoudre et de comprendre la cause de leurs problèmes scolaires, ce qui restreint leur chance d'être détectées. Les filles seraient donc plus souvent testées à l'occasion d'un saut de classe, ou alors par hasard, parce que leur frère a été détecté comme haut potentiel (Wieczerkowski et Prado[9]). Wilfried Lignier, qui intitule un des chapitres de son livre « Filles exclues, filles cachées », a constaté qu'il est fréquent dans une même famille que plusieurs enfants soient concernés par la précocité, mais que « parmi les parents qui ont évoqué la précocité d'un ou plusieurs de leurs autres enfants, 51% l'ont évoquée pour une ou plusieurs filles, tandis que 71% l'ont évoquée pour un ou plusieurs garçons. » : là encore, la discrétion des filles joue sans doute en leur défaveur, mais il n'est pas exclu que d'autres causes soient en jeu (représentation sociale majoritairement masculine de la douance, volonté (in)consciente de ne pas faire de leur fille une « intellectuelle » qui ne pourra jamais se marier…).

Les professeurs sembleraient identifier plus facilement la douance chez les garçons : Kramer[10] a démontré en 1991 que les professeurs étaient en général capables d'identifier les garçons surdoués, mais qu'ils étaient souvent surpris d'apprendre qu'une fillette était considérée comme surdouée. Pour quelles raisons ? Il semblerait que les professeurs aient tendance à attribuer la réussite scolaire des filles surdouées à leur travail plutôt qu'à leur intelligence, sans doute parce que celles-ci ont un comportement plus appliqué à l'école. Seigle and Reis[11] ont ainsi démontré que les professeurs évaluaient toujours les efforts des adolescentes surdouées à un plus haut niveau que les efforts des adolescents surdoués, et ces résultats ont été confirmés par Myra et David Sadker[12], qui ont conclu que « les unes après les autres, les études ont montré que les adultes, professeurs comme parents, sous-estiment l'intelligence des filles. »

Ce défaut de repérage se retrouverait donc dans les proportions de filles/garçons détectés : la psychologue Doris Perrodin, comme Chloé Persod, indique ainsi dans son livre *Et si elle était surdouée ? Un guide pour sensibiliser les enseignants, les parents et les autorités scolaires*[13], qu'il y aurait dans sa patientèle seulement 30 % de filles détectées comme étant surdouées, contre 70% de garçons. Ce chiffre est également avancé par Wilfried Lignier, qui remarque que ce phénomène est invariable selon les milieux sociaux.

Mais ce déséquilibre est-il uniquement le reflet d'influences extérieures, ou y a-t-il *réellement* moins de filles surdouées ?

b - Une infériorité numérique

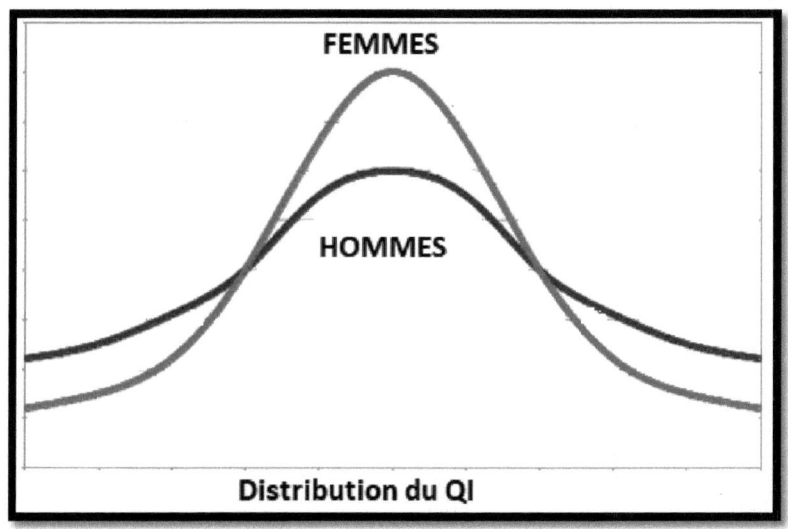

Lorsque l'on regarde les courbes d'intelligence hommes/femmes superposées, on constate qu'il y a plus de garçons aux deux extrémités de la courbe, donc plus de garçons ayant une intelligence inférieure, et plus de garçons ayant un fort quotient intellectuel. En revanche, comme les filles sont plus nombreuses au centre de la courbe, le résultat s'égalise *en moyenne*. Donc nous pouvons dire que *l'intelligence chez les hommes et les femmes est égale en moyenne, mais qu'il y a plus d'hommes surdoués*. Et plus le quotient intellectuel est élevé, plus l'écart se creuse en faveur des hommes : quand le QI dépasse 130, on trouve une femme pour 1,3 homme. Quand il dépasse 145, on trouve une femme pour 1,6 homme (Nicolas Gauvrit, *Les différences femmes-hommes*, Youtube, université d'été de l'Observatoire de Zététique, 2013). Cela signifie que l'on devrait retrouver, globalement, les proportions suivantes : 56% de garçons surdoués contre 44% de filles pour un QI compris entre 130 et 145, et 61% de garçons contre 39% de filles pour un QI au-delà de 145. Donc si la proportion de 70% de garçons surdoués pour 30 % de filles ne correspond pas à la réalité, il semble en revanche illusoire de vouloir obtenir à tout prix une égalité parfaite de cette répartition.

Pourquoi ce constat est-il ignoré dans les principaux ouvrages consacrés à la douance féminine ? Sans doute parce nos sociétés ont été fortement imprégnées par un féminisme excessif qui cherche à nier les différences biologiques entre hommes et femmes. Or ces différences existent : par exemple, les garçons excellent tout particulièrement dans les domaines qui relèvent de l'habileté mécanique, spatiale, et du raisonnement abstrait, tandis que les filles préfèrent les activités linguistiques, artistiques et de mémorisation. Bien sûr, il existe des exceptions, mais il s'agit néanmoins d'une tendance générale et majoritaire. On pourrait penser que ces différences relèvent uniquement d'une pression exercée par la société et l'éducation. Pourtant, voici ce que déclare par exemple en 2009 le psychologue du développement à l'université du Missouri, David Geary : « La préférence des filles pour les jeux où l'on nourrit, ou où l'on soigne, et celle, masculine, pour les jeux plus désordonnés est apparente à travers les cultures, et même à travers les espèces. Parmi nos plus proches parents tels que le macaque rhésus, les chercheurs ont découvert que les femelles jouent avec des poupées bien plus que leurs frères, qui préfèrent, eux, les ballons et les petites voitures. Il paraît peu probable que les singes aient été endoctrinés par des stéréotypes[14]. »

c - Des femmes qui « disparaissent » ?

En 2001, les sociologues Marie Duru-Bellat, Annick Kieffer et Catherine Marry[15] s'interrogeaient : puisque la réussite scolaire est en moyenne meilleure chez les filles, tous milieux sociaux confondus, il serait donc anormal qu'il y ait moins de filles qui accèdent à de hautes études universitaires. Quelles seraient alors les raisons de cette « disparition » des femmes des sphères d'excellence ? Selon de nombreux auteurs, cette disparition serait due à un certain nombre de barrières qui freineraient la réussite professionnelle des femmes.

Des barrières internes et externes

Les psychologues Sally Reis[16] et Barbara Kerr[17] ont respectivement décrit en 2002 et en 1995 la grande majorité des barrières qui peuvent freiner l'ascension professionnelle des femmes. Ces barrières seraient de deux ordres : internes (liées à la personne) et externes (liées à son environnement).

Les barrières *externes* seraient : le sexisme et la discrimination, la pression pour se conformer à une certaine idée de la féminité, et le manque de ressources financières. Nous les explorerons en détail un peu plus loin.

Voici tout d'abord les différentes barrières *internes* qui pourraient entrer en jeu :

- *L'effet Horner ou la peur du succès* :
La psychologue Matina Horner[18] avait observé dès les années 70 que les femmes avaient peur, si elles adoptaient un comportement compétitif, de faire fuir des partenaires éventuels. Selon Barbara Kerr[19], cet effet s'est atténué avec le temps, mais il a tendance à perdurer car les femmes vont toujours chercher des compromis, tenter de négocier et d'éviter les conflits. De nombreuses études[20] attestent que le fait d'être identifiées comme douées crée des problèmes dans les relations sociales de ces femmes : elles ont peur d'être perçues comme physiquement non attractives, masculines, de se retrouver seules et isolées. Et elles craignent également de ne pas réussir à instaurer un équilibre entre vie privée et vie professionnelle.
Aaron Coriat souligne que ce dilemme concerne principalement les femmes surdouées, car les autres femmes ont moins les moyens intellectuels d'atteindre un haut niveau de réussite socio-professionnelle. Cette idée est importante, car plus de choix signifie souvent une réussite potentielle plus élevée, mais aussi plus d'anxiété, plus de

décisions à prendre, plus d'aménagements pour pouvoir se réaliser, et parfois plus de renoncements.

La peur du succès se manifeste dès l'adolescence : les filles abandonnent leurs ambitions professionnelles pour être aimées, et faire partie d'un groupe. Voici par exemple comment Anne Lauvergeon, ancienne directrice d'Areva, décrit cette période dans son autobiographie[21] publiée en 2013 : « A l'école primaire, je fais des étincelles. Je découvre au collège que ce n'est pas très agréable d'être considérée comme la grosse tête de la classe. Cela n'aide guère à être populaire. Or, cela est important pour moi. Donc je me mets en roue libre et laisse un peu vagabonder mon esprit jusqu'à la première. » S'il concerne tous les adolescents, ce phénomène semble néanmoins toucher de façon plus marquée les filles : Kerr, Colangelo et Gaeth[22] ont montré qu'elles s'inquiétaient beaucoup plus que les garçons de l'impact de leur douance sur les attitudes des autres, et qu'elles voyaient moins d'avantages à être surdouées que les garçons.

- *Le complexe de Cendrillon :*
Décrit par Colette Dowling[23] en 1981, ce complexe serait, chez certaines femmes, un désir inconscient d'être prises en charge par autrui : ces femmes resteraient ainsi dans l'attente d'un évènement extérieur (mariage…) pour transformer leurs vies, au lieu de prendre en main leur existence.

- *Le syndrome de l'imposteur :*
Ce syndrome, décrit par Pauline Clance et Suzanne Imes[24] en 1978, se manifeste par la conviction que sa réussite n'est pas méritée. Les femmes victimes de ce complexe travaillent plus, car elles ont peur

d'être démasquées, et elles attribuent leur réussite à des causes extérieures.

- *Le plongeon de l'estime de soi :*
Selon Kline et Zehms[25], les filles surdouées en 8e grade aux Etats-Unis (qui correspond à la classe de quatrième en France) rapportaient « plus de jugement et d'estime de soi négative dans leur comportement, leur statut intellectuel et scolaire, et en popularité, que les filles non surdouées du même grade. » Pourquoi cette image négative d'elles-mêmes ? Sans doute parce que les filles sont plus sensibles à leurs relations sociales que les garçons, et que leur surdon rend leur intégration sociale plus difficile. Leur confiance en leurs capacités est également susceptible de chuter si elles réussissent en classe sans fournir une grande quantité de travail personnel. Car l'arrivée des premières mauvaises notes, souvent au collège, peut les déstabiliser profondément, si elles fondent leur identité sur leur statut de « bonne élève ». Et plus généralement, les femmes auraient tendance à sous-estimer leur intelligence (de 5 points en moyenne), alors que les hommes la surestiment.

- *Le perfectionnisme*
Le perfectionnisme est « la tendance à vouloir faire tout avec un souci exagéré de la perfection ». Plusieurs études[26] ont montré que ce trait de caractère était très présent chez les individus surdoués. D'après Stoeber et Otto[27], le perfectionnisme comporterait deux dimensions principales :
- Les *ambitions* perfectionnistes, qui seraient associées à des aspects positifs : motivation,

persévérance, forte capacité de travail, grandes performances, passion.
- Les _préoccupations_ perfectionnistes, qui seraient associées à des aspects négatifs : procrastination, incapacité à déléguer, peur de l'échec (croyances du type « tout ou rien » …), manque d'estime de soi, insatisfaction chronique.

Le « mauvais perfectionnisme » a été relié aux troubles du comportement alimentaire, et particulièrement à l'anorexie, qui touche principalement les jeunes filles. Nadine Kirchgessner, dans son livre *Des femmes surdouées*[28], indique : « Dans une étude longitudinale sur 10 ans effectuée sur 120 patients, Dally (1979) montre que 90 % des jeunes anorexiques de 11 à 14 ans, 78 % de 15 à 18 ans et 73 % de celles de plus de 19 ans ont un QI supérieur à 120. On peut remarquer que ce sont des chiffres élevés. De nombreux médecins spécialistes de l'anorexie et de la boulimie décrivent des jeunes filles très intelligentes et voulant tout contrôler. »

Ce perfectionnisme toxique peut également entraîner des Troubles Obsessionnels Compulsifs (dits « TOCS »), particulièrement invalidants et chronophages, et il peut s'appliquer à tous les domaines de l'existence (travail, couple…) : mal maîtrisé, il entraîne une perte de temps et d'énergie, et un sentiment d'insatisfaction important.

Le choix d'une autre définition de la réussite

Dans l'édition revisitée (1995) de son livre *Smart Girls*, la psychologue Barbara Kerr relate qu'elle a commencé à s'intéresser au moindre succès professionnel des femmes surdouées sur la suggestion d'une ancienne camarade de classe. Celle-ci lui avait demandé pourquoi elles et leurs camarades, qui avaient toutes participé à un programme pour étudiantes surdouées, n'étaient pas devenues « les leaders de demain », mais plutôt « une poignée de has-been » (c'est-à-dire employée de banque, infirmière, psychologue). Dans la même veine, le professeur en psychologie Zoa Rockenstein indique que « des études longitudinales montrent que la plupart des filles surdouées disparaissent dans un *bourbier* fait de mariage, de maternité, d'emplois sous-payés et sans avenir, au lieu de réaliser leur potentiel vers l'excellence[29]. »

Nous pouvons nous interroger sur la notion de réussite telle qu'elle est ici définie : une réussite financière, uniquement faite de performances et de productions monnayables. Est-ce un effet du féminisme, qui incite les femmes à atteindre des succès calqués sur les réalisations masculines ? Aujourd'hui, cette conception de la réussite, qui a été imposée dans les années 80-90 avec l'image de la *working woman*, paraît en perte de vitesse. Certaines jeunes filles semblent être en partie revenues de ce modèle : elles ont pris conscience que parfois, non, on ne peut pas « tout avoir », et que se consacrer fortement à sa carrière implique des sacrifices non négligeables (fatigue, culpabilité, moins de temps passé avec ses proches…). Que le milieu du travail n'est pas toujours idyllique, et qu'avoir une « brillante carrière » n'est pas une obligation. Certaines préfèrent occuper un emploi qui leur garantira une indépendance financière, qui les passionne, sans doute moins valorisant en société, mais qui leur laissera la possibilité de construire une vie de famille heureuse, optant dès lors pour un mode de vie plus équilibré.

Cette définition de la réussite masculine (statut et argent) désavantage les femmes, car elles ont tendance à se tourner vers des métiers d'aide qui ne sont pas reconnus, ou à favoriser leur vie de famille (ce qui entraîne une perte de salaire). Or disposer d'un potentiel ne signifie pas avoir l'obligation de le réaliser à tout prix. Voici par exemple ce qu'a observé Isabelle Chazot, ancienne rédactrice en chef du magazine 20 ans : « C'est d'ailleurs un vrai mystère, ce déficit narcissique, timidité ou ennui, des femmes talentueuses. Réussir ne les intéresse pas. (...) Les filles sensibles ou révolutionnaires que j'ai croisées ont eu tendance à se tourner vers des métiers discrets ou vers les joies de l'intime. C'est ainsi qu'on trouve une revalorisation chez certaines féministes avant-gardistes de la domesticité et des savoirs concrets ou artistiques qui lui sont attachés, comme l'exprime bien Mona Chollet dans son livre *Chez soi*[30]. »

L'effet « pipeline qui fuit »

Comme nous l'avons vu, il y a statistiquement moins de filles surdouées que de garçons surdoués. Le journaliste Laurent Obertone indique que lorsque l'on regarde les chiffres des admis au bac, on trouve seulement 44% de garçons, mais qu'il y a plus de garçons qui ont des mentions bien et très bien. Il en conclut : « Les garçons redoublent, sont en échec scolaire et interrompent précocement leur scolarité nettement plus souvent que les filles. Ainsi s'explique la supériorité statistique des filles au collège, au lycée, en début du supérieur puis leur lente érosion au cours du supérieur, qui se poursuit à mesure des degrés franchis (...) Le fameux pipeline qui fuit. (...) ces données n'ont pas bougé d'un pouce depuis la création des tests scolaires et de l'invention des tests de QI. Ce qui signifie que la pression sociale du féminisme et les politiques incitatrices des Etats n'y ont rien changé[31]. »

Il nous faut néanmoins tempérer son affirmation : la présence de politiques incitatrices ne signifie pas que celles-ci soient suivies d'effets immédiats et complets, et toutes les femmes n'en bénéficient pas pour des raisons sociales et culturelles.

En conclusion, la cause de cette « disparition » des femmes des sphères de pouvoir nous semble plutôt résulter de la conjonction de trois facteurs : un facteur sociétal (culture et éducation, manque d'estime de soi), un facteur de choix personnel (ne pas vouloir vouer toute son existence à son seul travail), et enfin par un léger déséquilibre statistique en défaveur des femmes surdouées. Que les talents des femmes aient été historiquement négligés et sous-estimés, nul ne songerait sérieusement à le contester aujourd'hui. Et il reste du chemin à parcourir : on utilise encore très peu le mot « génie » pour parler d'une femme particulièrement brillante…

B - En société

a - Une estime de soi basse

Nous avons vu que les filles surdouées bénéficiaient d'une estime d'elles-mêmes plus basse en comparaison avec des filles non surdouées : elles semblent être très critiques envers elles-mêmes, et doutent plus de leurs capacités. Elles ont aussi tendance à ne pas se reconnaître comme surdouées : sans doute parce que socialement, l'humilité est plus « acceptable » pour les filles. Mais aussi parce qu'elles assimilent le surdon au talent, à une réussite visible : la vie ordinaire qu'elles mènent ne cadre pas avec leur image qu'elles se font du surdon.

Elles ont peur que leur assurance soit considérée comme de l'arrogance, et déclareront par exemple : « Je n'ai rien fait d'exceptionnel », ou, parlant de leur enfant surdoué : « Il/elle tient ça de son père ». Une étude[32] réalisée en 1987 sur des adolescents a montré que seuls 15 % des garçons cachaient leurs capacités à l'école, contre 65% des filles qui masquaient leurs talents. En outre, les filles surdouées ont souvent des personnalités assez paradoxales et complexes, et disposent de peu de modèles d'identification. Il leur est donc plus difficile de se découvrir, de comprendre qui elles sont, et de s'accepter.

Malheureusement, puisqu'elles ne sont pas conscientes de leurs dons, elles ont donc moins de chances de les faire fructifier. Certaines vont alors avoir tendance à choisir des emplois stéréotypés et/ou peu qualifiés, alors qu'elles se seraient épanouies dans une carrière plus exigeante. Et au lieu de développer leurs talents, elles vont s'épuiser en tentant de s'adapter à un modèle de vie qui ne leur convient pas.

b - Des barrières externes

Dans son livre *Les enfants surdoués*, Aron Coriat n'hésitait pas à évoquer le cas des filles surdouées dans le chapitre traitant des surdoués handicapés et inadaptés. Voici comment il justifiait son choix : « C'est en considérant les conditions qui s'opposent à son épanouissement intellectuel que nous avons adhéré à l'opinion qui assimile la fille surdouée aux surdoués handicapés ou désadaptés ». Ces conditions défavorables, nous l'avons vu, sont à la fois externes et internes : les femmes ont non seulement tendance à s'autocensurer dans leur ambition, mais elles sont aussi soumises à des obstacles culturels et sociétaux.

Des stéréotypes pesants

Selon la définition du dictionnaire Larousse, un stéréotype est « la caractérisation symbolique et schématique d'un groupe qui s'appuie sur des attentes et des jugements de routine. » Il s'agit donc des comportements attendus et tolérés (ou non) par une société. Quelles sont ces attentes de la société envers les femmes ? Principalement la douceur, la docilité, le charme physique, la passivité, et le fait de s'occuper de ses proches. Même si les choses ont évolué dans le bon sens ces dernières décennies, on peut encore trouver en 2016, sur Wikihow, un texte intitulé : « Comment être une fille féminine. » Voici quelques conseils qui y sont prodigués : « Soyez gracieuse », « Soyez gentille », « Lisez des magazines ». Et encore : « Lorsque vous achetez un téléphone, choisissez une couleur féminine, comme du vert citron, du rose, du bleu clair, etc. », et « Coiffez-vous d'une façon différente tous les jours, afin d'éblouir votre entourage ».

Or les filles surdouées ont des comportements plus androgynes : par exemple, elles s'intéressent moins aux jeux typiquement féminins, et s'amusent plus rarement avec des poupées et des peluches (Stapf, 2003). Elles ne se retrouveront donc pas dans ces définitions de la féminité, et le vivront comme un défaut. La psychologue Katherine Noble précise : « [...] Les femmes surdouées ont tendance à être très androgynes, et parce qu'elles échappent à beaucoup de ce qui est attendu des femmes dans les cultures traditionnelles, on leur impose souvent une étiquette négative, à tort. [...] Donc par exemple, cela donne des femmes qui sont très sensibles et empathiques, attentionnées, tout en étant très énergiques, très motivées et indépendantes, avec une grande autonomie, or ce sont des qualités que la société valorise chez les hommes mais pas chez les femmes[33]. » Cette attente de docilité est largement présente dans la culture, par exemple à travers les contes de fées, dans lesquels une image est subtilement suggérée aux fillettes : les femmes y sont modestes, douces et passives, et leur vie ne commence que quand le prince charmant apparaît... Malheureusement, ces stéréotypes ne sont pas uniquement présents dans la littérature : Stapf (2003) a ainsi démontré que les filles sont récompensées si elles se montrent sages et calmes, communicatives, généreuses, coopératives et conciliantes. Et quand elles refusent d'obéir à ces stéréotypes, elles risquent d'être perçues, ou de se percevoir comme « déviantes ».

Les surdoués ont précisément tendance à remettre en cause les idées reçues, dont les stéréotypes de genre. Ces femmes sont donc écartelées entre le fait de respecter leur nature profonde (créative, indépendante, énergique...), ou de s'adapter à des normes qui, si elles concernent une majorité de femmes, ne leur conviennent pas.

Etre perçue comme « trop » ou « pas assez »

Les surdoués sont souvent perçus comme des êtres « intenses » et passionnés. Selon Kazimir Dabrowski, les enfants possédant un quotient intellectuel supérieur à la norme se caractérisent par une « hyperexcitabilité », c'est-à-dire par un haut niveau de réactivité du système nerveux central. Ces hyperexcitabilités seraient au nombre de cinq : psychomotrice, imaginaire, sensuelle, intellectuelle, émotionnelle. Ce haut niveau de réactivité peut entraîner un comportement différent de la norme : par exemple, l'enfant pourra être hyperactif, « gigoter » en classe, et poser des questions qui paraîtront impertinentes.

Or ces comportements sont, encore aujourd'hui, bien mieux acceptés socialement chez les garçons que chez les filles. Les fillettes perçoivent très bien que leur comportement suscite de la gêne ou de l'agacement : beaucoup d'entre elles rapportent avoir été critiquées car elles étaient « trop sensibles », « pas assez féminines », ou « trop énergiques ». Et si elles ne sont pas encore conscientes de leur quotient intellectuel élevé, et des avantages qu'il pourrait leur procurer, elles perçoivent en revanche avec beaucoup d'acuité que leur façon d'être ne s'accorde pas avec la norme, et que leur entourage (camarades, professeurs…) les regarde d'un œil réprobateur. Elles souffrent alors de leur différence, sans en connaître la cause.

Un idéal de perfection imposé par la société

Depuis plusieurs décennies, les femmes sont invitées en permanence à tenter d'atteindre des standards inatteignables. Dans les magazines, la publicité, des messages sont délivrés de façon continue : la femme idéale est une superwoman avec une brillante carrière, qui a des enfants équilibrés et un mari parfait ; elle est également mince, s'habille à la mode et paraît jeune. Elle trouve également le temps de mener une vie sociale et amicale trépidante, et, bien sûr, sa maison est toujours impeccable. Ces critères très élevés entraînent une culpabilité permanente. Et les femmes surdouées pourraient y être particulièrement vulnérables, car elles possèdent des standards personnels très élevés, et elles sont naturellement perfectionnistes. Rien n'est pire pour elles que de devoir faire les choses « à moitié » : certaines vont donc s'épuiser en tentant de « tout » réussir, et en cherchant à satisfaire tout le monde (enfants, conjoint, patron), au mépris de leur propre bien-être.

c - Le syndrome du caméléon

Différentes études s'accordent pour confirmer que les filles cherchent plus à s'adapter que les garçons à leur environnement. Ce comportement semble être inné, mais il est également renforcé par l'éducation et les attentes de la société. Et chez les femmes surdouées, cette tendance à l'adaptation semble être encore plus marquée.

Pour décrire ce phénomène, Larry Coleman et Tracy Cross[34] ont créé en 2000 le terme de « stigma of giftedness » (ou « stigmatisation de la douance »), qui s'articule autour des trois points suivants :

    1) les filles à haut potentiel souhaitent avoir des interactions sociales
    2) elles apprennent que leurs pairs vont les traiter différemment lorsqu'ils auront connaissance de leur surdon
    3) elles apprennent à contrôler les informations les concernant (résultats scolaires, loisirs...) de façon à garantir de bonnes interactions sociales avec leurs camarades.

A cause de leur grande sensibilité, elles perçoivent le rejet des autres filles et s'adaptent encore davantage (Stapf, 2003), notamment en abaissant leurs ambitions, et en cachant leurs résultats scolaires (Winner, 1997)[35].

Les filles surdouées sont donc plus à risques de s'adapter à ce que leurs parents, leur entourage amical, leur conjoint et la société attendent d'elles. La pression pour être parfaite, la volonté de faire plaisir à tout le monde (parents, professeurs, proches) peuvent les angoisser, leur faire craindre l'échec et les conduire à de l'indécision (Frederickson, 1986)[36]. Mais les mécanismes d'adaptation ne sont pas illimités. Ils entraînent une perte de contact avec soi-même de deux façons : par l'adoption d'un comportement hyper empathique, et par la construction d'un faux-self.

L'hyperempathie, avantages, inconvénients

L'empathie est décrite comme « la faculté intuitive de se mettre à la place d'autrui, de percevoir ce qu'il ressent. » Elle désigne donc la capacité de *percevoir* et de *comprendre* les ressentis de l'autre : les pervers narcissiques, par exemple, peuvent parfaitement faire preuve d'une grande empathie lorsqu'ils sont en phase de séduction, pour mieux piéger leur victime et lui dire ce qu'elle souhaite entendre.

Le concept d'hyperempathie, quant à lui, a été créé par le psychiatre Gérard Apfeldorfer[37]. Celui-ci définit l'hyperempathie comme « la capacité de s'oublier totalement pour ne faire qu'un avec l'autre. » L'individu hyperempathique va donc percevoir et comprendre les ressentis de l'autre, mais il va également *les éprouver*, ce qui va l'empêcher de prendre du recul. Un comportement sain comporte deux phases : identification des ressentis de l'autre, puis détachement. Pour un individu peu sensible, la phase de détachement se fait facilement et instantanément : il est même possible qu'elle ne soit pas nécessaire. Mais lorsque l'individu possède une sensibilité exacerbée, il se retrouve « piégé » par ses émotions, et échoue dans la phase de détachement. Il va donc faire passer les intérêts, les ressentis de l'autre avant les siens. Et plus ces émotions seront fortes, plus l'individu aura du mal à établir une distance saine et raisonnable.

D'où vient cette hyperempathie ? Elle provient de facteurs innés et acquis, mais on ne sait pas dans quelles proportions : un tempérament plus sensible y prédispose, ainsi que l'éducation. Car si la personnalité de l'enfant n'est pas acceptée, celui-ci, dans un premier temps, cherche à comprendre les désirs de son parent pour s'en faire accepter, puis qu'il s'y adapte. Il va apprendre à anticiper ce que l'autre attend de façon inconsciente : une fois le mécanisme en place, il lui sera très difficile d'en prendre conscience, puis de s'en libérer. On comprend alors aisément que pour un enfant doué et sensible, qui de surcroît est élevé dans un milieu familial toxique, cette hyperempathie devienne démesurée et dévastatrice.

Cette position comporte tout de même quelques avantages : tout d'abord, le Docteur Apfeldorfer souligne que l'individu acquiert ainsi une très forte intuition et un grand sens de l'observation. Il est également possible que cette disposition permette à l'individu d'acquérir plus de connaissances, car il pénètre dans l'univers de l'autre tellement profondément et rapidement qu'il s'approprie tout son « monde intérieur ». En effet, son interlocuteur, charmé par cet auditoire si attentif, se livre de façon beaucoup plus intime. Mais à force d'adaptation, l'individu hyperempathique finit par ne plus savoir reconnaître où se trouve son intérêt, ni même savoir qui il est.

Le faux self

Concept créé par Donald Winnicott, le faux self définit la partie de la personnalité de l'individu qui s'adapte à son environnement de façon excessive et pathologique. Confronté à une éducation, ou à des expériences en société où ses traits de caractère ne sont pas acceptés, l'individu se construit une personnalité de surface qui est en décalage avec ses vrais désirs et ressentis. L'adaptation est nécessaire à la vie en société : mais lorsqu'elle est excessive, des troubles apparaissent. En amitié par exemple, les fillettes surdouées intègrent très vite que les gens se retrouvent autour de points communs. Sous le coup de l'enjeu, elles cherchent à tout prix à ressembler à l'autre pour s'en faire accepter. Elles peuvent par exemple adopter inconsciemment la façon de s'exprimer qu'utilise l'autre (langage précieux ou décontracté…), adopter le même style vestimentaire, cacher ce qui ne « cadre pas » avec l'univers de l'autre. Cette synchronisation rend la personne en face plus à l'aise, c'est même un mécanisme utilisé dans les techniques de manipulation (on peut aussi synchroniser le ton de la voix, le rythme des mouvements et les niveaux d'énergie, la posture et les gestes…)

Les fillettes surdouées perçoivent très vite qu'il existe des règles de vie tacites en société, et elles pensent ne pas pouvoir être aimées telles qu'elles sont, car leur comportement diffère trop de la norme. L'appartenance à un groupe est un besoin humain fondamental : elles vont donc finir par se construire une personnalité de façade, acceptable socialement. Ce mécanisme d'adaptation comporte bien sûr des aspects positifs (compréhension des codes sociaux, intégration…). Mais si elles ne peuvent pas, dans d'autres lieux, être elles-mêmes, cet effort peut les épuiser et les conduire à la dépression. Tout le monde emprunte une personnalité de façade en société : mais si votre personnalité profonde est très éloignée de la norme, l'effort de « camouflage » nécessaire sera beaucoup plus important. Et si vous ne disposez d'aucun lieu où exprimer votre « vrai moi », la situation sera difficilement tenable à long terme.

Malheureusement, ce mécanisme d'adaptation est souvent inconscient : il faut parfois des années avant que ces femmes réalisent d'où vient leur mal-être. Et même si cette prise de conscience a lieu, le travail de tri entre ce qui relève du vrai et du faux self peut s'avérer ardu. Toutes les années passées dans cette méconnaissance de soi vont entraîner la femme surdouée à faire de mauvais choix pour elle-même ; elle sera dans l'incapacité de voir ses particularités comme des atouts. Et l'énergie qu'elle aurait pu consacrer à développer ses propres talents sera gaspillée en tentatives, le plus souvent infructueuses, d'adaptation.

Les filles surdouées, nous l'avons vu, sont moins nombreuses que les garçons surdoués : elles sont donc encore moins susceptibles de rencontrer des femmes qui leur ressemblent, et auxquelles elles pourraient s'identifier pour pouvoir accepter qui elles sont. Tout cela explique peut-être en partie pourquoi elles sont moins sûres d'elles que les garçons surdoués, et pourquoi elles vont avoir tendance à renier leur vraie personnalité. Or comme l'indique la psychologue Monique de Kermadec, étouffer son vrai self est « d'autant plus grave chez l'adulte surdoué, pour qui l'activité créatrice, qui dépend exclusivement du vrai self, est un facteur essentiel dans le développement harmonieux de sa personnalité et dans son inscription fructueuse dans le tissu social[38]. »

d - Les risques

L'adolescence, une période charnière

L'adolescence est une période de la vie où le besoin d'appartenance est particulièrement fort. Les filles surdouées, pour se fondre au groupe, sont susceptibles de se désintéresser de leurs études : leur estime d'elles-mêmes chute alors, et elles peuvent même subir une baisse de leur quotient intellectuel (Kerr, 1985). Malheureusement, ce sacrifice d'une partie de soi (et pas la moins importante !) ne suffit pas toujours à se sentir comme les autres. Les centres d'intérêt des filles surdouées, si différents de ceux des autres filles (garçons, maquillage…), peuvent les amener à se sentir très seules. Voici par exemple comment la jeune surdouée Tiana, dans son livre *Je suis un zèbre*[39], décrit le contact avec ses pairs : « Quand je regarde les jeunes de mon âge dans la cour du collège, je me dis que j'ai un problème. Ils sont tous là, à rire et à plaisanter, comme si de rien n'était. Ils sont simplement bien. Ils profitent du moment présent. [...] C'est si naturel, si normal. Je me demande pourquoi, moi, je n'en suis pas capable. » Or les individus surdoués qui se sentent seuls et différents de leurs pairs sont *extrêmement* vulnérables à la dépression[40].

Un risque de sous-performance

Le décrochage scolaire qu'elles initient, dans le but de se fondre au groupe, risque de les conduire à obtenir des diplômes médiocres, et donc à occuper des postes en dessous de leurs capacités, et peu adaptés à leur personnalité. Selon les psychologues Reis et Callahan[41], les femmes surdouées sont particulièrement susceptibles de devenir des *adult underachievers* : c'est-à-dire des adultes en sous-performance, et qui atteignent des objectifs qui ne correspondent pas à leurs capacités. Elles auront ainsi moins de chances de travailler dans un milieu professionnel stimulant, où elles pourraient fréquenter des collègues de travail qui leur ressemblent, et échapper ainsi à l'ennui. Les difficultés qu'elles rencontreront au travail pourront alors entraîner par la suite des problèmes psychologiques, ou de santé. La psychologue Chloé Persod indique d'ailleurs que l'absence de diagnostic chez les petites filles pourrait même entraîner « des risques majeurs d'étiolement du potentiel lui-même ».

Un risque accru de troubles psychiques ?

Le sentiment de décalage permanent peut conduire les femmes surdouées à souffrir de « deviance fatigue » : ce terme définit un épuisement qui peut résulter du fait de se sentir toujours différent(e) des autres, et de devoir sans cesse faire des efforts d'adaptation. Dans les cas les plus graves, ce sentiment peut conduire à une dépression. Les femmes surdouées semblent présenter des troubles plus tard que les garçons : elles seraient plus rebelles que les hommes à l'âge adulte. Tout indique que l'absence de détection du surdon n'est pas sans conséquences. L. Johnson affirme même que chaque talent contient un danger : « Quel que soit le don que nous ayons, nous sommes contraints de l'exprimer. Et si l'expression de ce don est bloquée, déformée, ou simplement autorisée à dépérir, alors le don se retourne contre nous, et nous souffrons[42]. »

Les surdoués pourraient-ils être plus vulnérables ? Une thèse du Docteur Damien Crouzet (2008), intitulée « Le dépistage des surdoués en consultation psychiatrique », semble le démontrer, puisqu'il a relevé une plus forte présence des individus surdoués en consultation psychiatrique. Selon lui, « L'hypothèse selon laquelle les surdoués consultent plus en psychiatrie que la normale est vérifiée dans cette étude. Les raisons pour lesquelles les surdoués consultent plus sont sans doute complexes, néanmoins il est permis de supposer qu'une prévalence plus élevée des troubles psychologiques, une plus forte sensibilité ou une plus grande souffrance psychologique sont en cause. » Une étude publiée en janvier 2018 dans la revue Science Direct[43] va également dans le sens de cette hypothèse : mais notons qu'elle a été réalisée au sein de l'association Mensa, ce qui peut constituer un biais important.

Une psychiatrisation de la douance ?

Les psychologues et médecins Webb, Amend et Goerss expliquent, dans leur ouvrage *Misdiagnosis and dual diagnoses of gifted, children and adults*[44], que les caractéristiques de la douance ne sont pas correctement identifiées par les professionnels de santé, car il y a une méconnaissance générale du sujet. Il est vrai que la douance n'étant pas une pathologie, les psychiatres ne sont pas formés à sa détection. Par conséquent, certaines caractéristiques liées à la douance pourraient être diagnostiquées à tort comme des troubles mentaux : la bipolarité, le trouble borderline, la personnalité obsessionnelle (quand l'individu surdoué se passionne trop pour un sujet), ou alors la dépression (quand il ne trouve pas les nourritures intellectuelles ou affectives dont il a besoin : ennui, monotonie…). Selon Joy L. Navan[45,] les femmes seraient encore plus à risque de se voir attribuer un diagnostic erroné, car « beaucoup de femmes surdouées parlent très vite, et accompagnent leurs gestes de mimiques théâtrales, et d'un ton de voix expressif » : ces comportements peuvent les amener à être qualifiées d'hystériques, de « personnalités théâtrales », voire « histrioniques ».

Les caractéristiques de la douance qui peuvent conduire à des erreurs de diagnostic sont, selon Webb, Amend et Goerss :
- L'intensité et la sensibilité ; le fait de sur réagir, de se mettre facilement en colère ou de pleurer quand les choses ne se passent pas bien
- L'idéalisme ; l'impatience devant les échecs, le fait d'être très déçu, le cynisme et la dépression ; le sentiment de solitude
- L'impatience avec soi et avec les autres, être critique et intolérant avec les autres
- L'hyper sensibilité aux critiques
- La difficulté d'envisager les choses selon un point de vue différent du sien
- Le perfectionnisme ; une personnalité très autocritique, la réticence à prendre des risques
- La créativité : comportements non conventionnels
- Une capacité de jugement en retard sur l'intellect (développement asynchrone)
- L'anticonformisme : remet en question les autres et la tradition ; refuse d'accepter l'autorité ; rompt le statu quo
- Un comportement très volontaire ; dissensions fréquentes avec les parents, les professeurs, leurs pairs, leurs supérieurs ; luttes de pouvoir ; entêtement, colère.

Ces erreurs de diagnostic risquent d'avoir des conséquences désastreuses : tout d'abord sur l'estime de soi, sur la trajectoire de vie, mais aussi sur la santé. Car il est possible que les individus surdoués, à cause de leur hypersensibilité, réagissent plus fortement aux médicaments. Parmi ces erreurs de diagnostic, on peut citer les cas de l'écrivain surdoué Josef Schovanec[46], ou de la jeune Tiana, précédemment citée : dans les deux cas, un diagnostic de schizophrénie avait été posé, à défaut d'une douance…

En France, peu de psychiatres, comme le Docteur Perrine Vandamme, s'intéressent au surdon (bien qu'il ne constitue, rappelons-le, ni une pathologie, ni une maladie), et s'interrogent sur la possible ressemblance de certaines caractéristiques de la douance avec des pathologies psychiatriques. Si les résultats de l'étude de Damien Crouzet étaient confirmés, il serait sans doute utile que les psychiatres soient formés à identifier le surdon. Douance et pathologie psychiatrique peuvent bien évidemment se superposer : mais dans ce cas, le fait d'identifier sa douance pourrait peut-être constituer un facteur de résilience majeur pour l'individu. En effet, l'individu, fragilisé par un label psychiatrique peu valorisant, pourrait reprendre confiance en ses compétences, résoudre certaines difficultés rencontrées à cause du surdon, et s'appuyer sur des ressources ignorées jusqu'alors. Sans doute devrait-on également méditer cette phrase de Rémy Chauvin : « Les surdoués ne sont peut-être pas fous comme les autres ».

3.
Vie personnelle et turbulences

A - Douance et parentalité

a - Quand tout se passe bien

Comment se déroule une éducation réussie pour un enfant surdoué ? Comme pour tous les enfants, avec beaucoup d'affection, d'attention, et de saines limites. Les parents qui peuvent aider leur enfant à se développer au mieux sont des parents encourageants, mais aussi exigeants, qui ne laissent pas l'enfant doué, trop facilement rebuté par les difficultés, baisser les bras. Ils lui inculquent le sens de l'effort, mais ne se contentent pas de le sermonner : ils l'aident et l'accompagnent dans cet apprentissage particulièrement difficile pour un enfant qui est habitué à la facilité. Ce sont également des parents qui savent poser des limites : l'enfant surdoué est souvent un enfant qui remet en question l'autorité, et ils doivent savoir opposer un non ferme quand l'enfant « dépasse les bornes ».

Comme pour toute éducation, le plus difficile sera de trouver un juste compromis, entre laisser à l'enfant sa personnalité, et lui inculquer une discipline indispensable. Dans un cas de figure idéal, les parents accompagnent également les découvertes intellectuelles de l'enfant, en lui proposant nombreuses activités extra scolaires où il pourra investir son énergie, mais sans excès. L'enfant surdoué est-il un enfant plus difficile que les autres ? Pas forcément. Certains sont très calmes et autonomes, et réussissent très bien à l'école sans aide extérieure. Mais il faut admettre qu'ils sont souvent d'une sensibilité excessive, et que les parents devront faire preuve d'une vigilance et d'une empathie importantes.

Les filles surdouées, nous l'avons vu, possèdent plus souvent des caractéristiques dites « masculines » : elles peuvent par exemple être plus énergiques et téméraires que leurs camarades. Cela peut poser des problèmes aux parents, qui se demandent dans quelle mesure ils peuvent laisser leur enfant exprimer sa singularité dans une société très codifiée. Ces parents doivent également posséder une personnalité très affirmée, car il est possible qu'on leur fasse des remarques sur cette petite fille « trop » sensible, « trop » bavarde, « trop » énergique, et qui sort de la norme.

J'aimerais citer ici deux exemples qui illustrent un comportement parental adapté face à la singularité de la fillette surdouée, et tout d'abord celui de la mère de l'écrivain Agatha Christie qui, dans son autobiographie[47], raconte un incident qui s'est déroulé pendant son enfance.

La jeune Agatha part en randonnée à cheval avec son père, sa sœur et un guide. Le guide, pour égayer la petite fille, a la mauvaise idée d'attraper un papillon et de l'épingler sur son chapeau. Inconsolable, rendue mutique par la violence des émotions qui la traversent, la jeune Agatha pleure toute la journée. Elle ne peut plus rien manger, et elle est incapable de répondre aux questions de son père qui cherche la cause de son chagrin. Rentrée chez elle, sa mère s'inquiète de son état, l'interroge, mais la petite fille est toujours sous le choc. Elle a soudain l'idée de demander qui a mis le papillon sur le chapeau d'Agatha : quelqu'un lui explique que c'est le guide. Elle s'adresse alors à Agatha avec beaucoup de compréhension :

« Tu n'as pas aimé ça, hein ? Il était vivant et tu t'es dit qu'il avait mal ?
Ah ! Le merveilleux, le divin soulagement quand quelqu'un devine ce qui vous travaille et vous le dit, de sorte que vous êtes libéré de cette interminable obligation de silence ! Je me précipitai sur elle avec une sorte de frénésie et lui jetai les bras autour du cou.
- Oui, oui, oui ! Même qu'il battait des ailes. *Il battait des ailes !* Mais le guide était gentil, il avait fait ça pour me faire plaisir, alors je ne pouvais *rien dire* ! »

On reste admiratif devant l'empathie de la mère : mais également de la jeune Agatha, qui ne voulait pas blesser le guide (elle a alors six ou sept ans) !

On peut également citer l'exemple de Temple Grandin, autiste et surdouée, qui dans son livre *Ma vie d'autiste*[48], retranscrit certaines lettres que sa mère avait écrites à son sujet. On y découvre une mère très attentive, insistant sur les qualités de sa fille, mais ne niant pas ses difficultés et particularités. Compte tenu de l'époque à laquelle se sont déroulés ces faits, on reste admiratif devant la pugnacité de cette femme, qui a remué ciel et terre (recherche d'établissements adaptés…) pour que son enfant atypique puisse exprimer ses dons. Voici un extrait de cette correspondance :

« Son comportement s'améliore à l'école. Les difficultés surviennent quand elle est fatiguée ou à la rentrée des classes, après les grandes vacances, quand elle doit se réadapter. Les groupes importants et bruyants l'embrouillent […] S'occuper de Temple n'est ni préjudiciable, ni difficile pour nous. Et je ne nous plains pas. C'est souvent passionnant et source d'inspiration, puisque cela fait appel aux meilleures qualités de chacun. »

Plus ambigu, le rôle du père d'Anne Lauvergeon, ancienne présidente de la Cogema : c'est pourtant une réflexion assez dure de ce dernier qui la sauvera de l'échec scolaire.

« Je vis très mal l'échec, cela me réveille même parfois la nuit. Mais c'est de mon père que me vient le déclic. Devant mes mauvais résultats en physique, il me lance le jour du bulletin trimestriel : « Finalement, tu n'es pas vraiment une scientifique… » Cette réflexion faite en passant sur le simple ton de la constatation (je le vois encore disant cela derrière son bureau trente ans plus tard) est plus efficace que toutes les admonestations ou remontrances lancinantes qu'affectionnent beaucoup de parents. Je ne réponds rien. Je vais lui montrer qu'il a tout faux. »

Les cadres familiaux harmonieux, à la fois stimulants et bienveillants, et qui aident l'enfant à apprendre à gérer son extraordinaire émotivité, existent, fort heureusement. Et pour l'enfant surdoué, peut-être plus que pour tout autre enfant, ils représentent un havre de paix et un bagage fantastique pour l'avenir. Malheureusement, tous n'auront pas cette chance : et si l'environnement familial est trop rigide, voire chaotique, la grande sensibilité de l'enfant pourra parfois se transformer en handicap.

b - Le risque de suradaptation

Le docteur en philosophie Alice Miller a montré dans son œuvre, et notamment dans son ouvrage *Le drame de l'enfant doué*[49], que l'enfant sensible est hyper réactif à son environnement familial. Les fillettes, quant à elles, cherchent encore plus à s'adapter que les garçons, car elles sont plus concernées par les relations interpersonnelles. C'est une composante innée, qui sera plus tard renforcé par l'environnement social. Une étude de Simner (1971)[50] a par exemple montré que les filles manifestent déjà une grande réceptivité aux émotions de leur entourage immédiat : ainsi, elles répondent aux pleurs d'un autre bébé, alors qu'un garçon n'y prêtera aucune attention. Et ce phénomène est probablement amplifié chez les fillettes surdouées, à cause de leur hypersensibilité et de leur perfectionnisme.

La fillette sera donc une bonne élève pour faire plaisir à ses parents, restera polie en toutes circonstances, n'exprimera pas sa différence pour conserver auprès de ses proches l'image de la petite fille idéale, sage et responsable. Mais cette sagesse de façade va la conduire à réprimer ses propres émotions : on lui dira « qu'une petite fille qui se met en colère n'est pas jolie », « qu'une gentille petite fille n'abîme pas ses vêtements en grimpant aux arbres », alors que de tels comportements seront acceptés voire encouragés chez un garçon. Toutes ces remarques, distillées dans le cerveau d'une enfant sensible et à l'excellente mémoire, s'imprimeront de manière indélébile et la conduiront à être envahie par un faux self dont il lui sera, comme pour tout automatisme, très difficile de se débarrasser.

Son hyper sensibilité pourra également compromettre l'avenir professionnel de la jeune fille : elle pourra par exemple avoir peur de dépasser ou de blesser ses parents par sa réussite, et d'être ensuite rejetée. Lashaway-Bokina[51] a ainsi réalisé une étude auprès de jeunes filles latino-américaines surdouées qui avaient abandonné le lycée : beaucoup se contentaient de rester à la maison avec leurs mères et regardaient des feuilletons télévisés l'après-midi. Elles considéraient leurs propres capacités avec ambivalence : leur amour pour leur mère les faisait hésiter à développer leurs propres talents. Leurs capacités scolaires, si elles étaient développées, pouvaient les conduire à une rupture de mode de vie : cette peur de la séparation, et d'une distance géographique, culturelle, et financière, était source de stress.

Les femmes et filles surdouées seront donc, à cause de leur hyperempathie et de leur besoin de plaire, plus susceptibles de se sacrifier pour leurs proches : parents vieillissants, frère ou sœur handicapés… Plus grave, au sein d'une famille dysfonctionnelle, et ce à un âge très précoce, ce sont elles qui risquent de jouer le rôle de « tampon » (pour que les parents ne se disputent pas par exemple). Ce sont elles qui mettront leur mère alcoolique ou dépressive au lit, ou qui feront les courses et tiendront la maison quand leur père célibataire sera au travail. Cette hyper responsabilisation, due à une incapacité des parents, risque de les priver de leur enfance, et d'une vie d'adulte épanouie : car certaines, arrivées à l'âge adulte, ne voudront plus se sacrifier et verseront dans l'excès inverse. Ou bien cette expérience précoce pourra les transformer en éternelles infirmières au service des autres, et leurs besoins profonds ne seront jamais ni exprimés, ni respectés.

c - Le parent coach

Le parent peut découvrir chez sa fille un talent exceptionnel : il l'accompagne alors dans le développement de son don, et la pousse à donner le meilleur d'elle-même tout en lui laissant vivre son enfance. Ce cas de figure peut permettre une grande complicité entre le parent et l'enfant, car il s'articule autour d'un intérêt commun. Dans ce cas, l'exigence du parent peut être bénéfique pour un enfant qui peut rapidement céder à la facilité.

Mais le parent peut également pousser la fillette à réussir, de façon maladive, dans un domaine dans lequel *lui* aurait aimé exceller, niant les envies et besoins de l'enfant. La frustration et le perfectionnisme sont alors à l'œuvre, parfois pour le pire. Le Docteur Céline Raphaël a raconté, dans son livre *La Démesure*[52], comment son père, très doué mais qui n'avait pas pu réaliser sa passion (jouer du piano), s'est transformé en entraîneur et tortionnaire, dès que le don de Céline pour le piano a été découvert. Avec beaucoup de courage et dans ce contexte très défavorable, la jeune femme a néanmoins réussi à réaliser son rêve : devenir médecin.

Même lorsque le parent est animé de bonnes intentions, et avec une réussite exceptionnelle au bout du chemin, le fait de vivre sa passion par procuration peut entraîner chez l'enfant une image de soi détériorée : il est alors résumé à un potentiel, et ne se sent pas aimé pour ce qu'il est. Il risque également de subir un fort stress dû à l'angoisse de décevoir les espoirs placés en lui. Enfin, cette relation avec le parent/coach risque de fragiliser son identité : car s'il n'a pas la chance d'avoir une autre vocation plus personnelle, ou d'aimer la discipline qui lui est imposée, l'adulte qu'il deviendra pourra errer pendant des années autour de ces questions essentielles : qui suis-je, et quelle aurait été ma vie si je n'avais pas été poussé dans cette voie ?

d - Le parent jaloux

Douglas Elby, dans un texte intitulé « Gifted women, identity and expression », a relevé que « la famille de la femme surdouée peut ressentir une envie violente et de l'antagonisme, qui la conduit à tenter de décourager la femme de réaliser ou même poursuivre ses talents uniques, de façon active, bien que peut-être inconsciente. » L'entourage peut agir ainsi parce que l'enfant le surpasse en dons, et dispose d'opportunités d'évolution qui lui seront à jamais inaccessibles, faute d'un capital intellectuel suffisant.

Mais le parent malveillant peut être lui-même surdoué : un surdoué sans doute jamais détecté, qui ne supportera pas de voir chez sa fille d'autres talents que lui-même ne possède pas, ou qu'il n'a pas pu exploiter.

B - En couple

a - Couple et harmonie

Certaines femmes surdouées auront la chance de rencontrer un conjoint qui ne ressentira pas leurs capacités comme une menace. C'est le cas de l'écrivain Joyce Carol Oates, qui a déclaré :

« J'ai eu beaucoup de chance. Je n'ai pas eu à beaucoup me battre. Je me suis mariée à 22 ans avec un homme féministe. Nous étions parfaitement égaux. Nous travaillions tous les deux. Il respectait mon travail, il me soutenait même. Nous allions tous les deux travailler le matin, nous avions chacun notre voiture, le soir il travaillait et j'écrivais. C'était très équilibré. Ce n'était pas une relation conventionnelle pour l'époque[53]. »

Ce type de couple, où les deux individus fonctionnent en partenariat, semble d'ailleurs être la configuration idéale pour les personnalités créatives : chacun est absorbé par son domaine de compétences et sa passion, ce qui permet des échanges fructueux dans le respect de l'espace vital de chacun.

Lorsque les époux sont bien accordés, la relation se révèle très durable : une étude[54] réalisée par Diane Tickton Schuster en 1986 sur 41 femmes à UCLA (Université de Californie à Los Angeles), a ainsi révélé que le nombre de mariages de longue durée était beaucoup plus élevé pour les femmes surdouées. En revanche, une femme ayant atteint une position éminente a quatre fois plus de chances de n'être pas mariée qu'un homme de même statut. (Winner, 1997). En 1995, Carole Holahan et Robert Sears[55] ont montré que plus du double de femmes étaient non mariées, en comparaison avec les hommes du même statut professionnel. Et une étude parue dans le *Sunday Times* a révélé que plus le QI d'une femme est élevé, moins elle a de chance de se marier : une augmentation de 16 points du QI réduirait même de 40% ses chances de convoler[56].

Mais pourquoi est-il plus difficile pour ces femmes de former un couple ?

b - Intensité et indépendance

Il semble qu'encore aujourd'hui, une femme qui a un esprit critique développé, ou une position sociale très élevée, peut représenter une menace pour la virilité de certains hommes. Les femmes surdouées ont souvent tendance à contester la vision traditionnelle de la féminité : elles n'hésiteront pas à se battre pour défendre leur point de vue, ce qu'un conjoint qui a une vision traditionnelle du couple aura du mal à accepter. Voici par exemple comment le fils d'Alice Miller, Martin, décrit le comportement de son père : « Il se sentait sans doute inférieur à sa femme sur le plan intellectuel. Cependant ou précisément à cause de cela, il s'efforça apparemment de lui faire adopter sa propre procédure systématique. Elle se défendit et commença à reprendre le bon vieux combat de son enfance pour le droit de vivre sa vie comme elle l'entendait[57]. » Il est probable que moins le conjoint connaîtra de réussites personnelles, plus il ressentira les réussites de la femme surdouée comme une menace : il pourra alors chercher à la contrôler, ou à la dévaloriser pour « rééquilibrer » les rapports de force.

La femme pourra choisir de s'effacer pour laisser le beau rôle à son conjoint, mais… à quel prix ? Certaines le vivent très bien, quand d'autres le ressentent comme une mutilation, et une négation de leur véritable personnalité. Lorsque les femmes sont déjà en couple, certains conjoints peuvent également ne pas accepter une douance récemment diagnostiquée, car celle-ci déséquilibre la dynamique familiale. Ou bien la femme, enfin consciente de ses capacités, décide de ne plus les sacrifier à qui que ce soit.

Les femmes qui se sont réalisées professionnellement dans des carrières non conventionnelles ou « exigeantes » rencontrent également certaines contraintes, que ne connaissent pas les femmes qui ont un emploi plus traditionnel : contraintes d'emploi du temps, mais aussi géographiques. Voici par exemple comment la journaliste Oriana Fallaci avait analysé sa situation : « Je n'ai pas de domicile fixe : j'ai une maison en Amérique, une autre en Italie, et plusieurs maisons éparpillées dans le monde qui sont représentées par les hôtels dans lesquels je vis et où j'ai vécu pendant des années. Dans une telle situation, comment faire pour fonder une famille ? On me répondra que les marins, autrefois, en fondaient : certes, mais parce que de l'autre côté se trouvait une femme esclave et obéissante qui restait sur place. L'homme n'accepte pas un tel rôle[58]. » Encore aujourd'hui, ce sont les femmes qui suivent majoritairement leur conjoint, et non l'inverse : une étude réalisée en 2015 par la société Expat Communication auprès de 3000 expatriés a démontré qu'à 90%, ce sont les femmes qui mettent en danger leur carrière pour suivre leur conjoint. Sur les 14% de femmes qui étaient parties pour des raisons professionnelles, un tiers étaient célibataires… « Car les conjoints suivent moins souvent : ils ont peur de ne pas trouver de travail là-bas », explique la directrice des carrières internationales chez Expat Communication (« Expatriation : les conjoints trinquent », Le Figaro, septembre 2015).

Rajoutons également que chez les femmes, les critères de séduction restent majoritairement, hélas, la jeunesse et la beauté : donc contrairement aux hommes, leur réussite professionnelle ne constituera probablement pas un avantage en vue d'une future vie de couple. Une grande proportion d'hommes, encore aujourd'hui, préfère épouser une femme qui occupe une position sociale inférieure : parce que cela valorise leur virilité, mais aussi parce que l'emploi moins « prenant » des épouses permet à celles-ci de s'occuper prioritairement des enfants. Beaucoup de femmes trouvent leur intérêt dans cet arrangement tacite, qui n'est pas critiquable en soi. Mais celles qui ont des objectifs qui ne s'alignent pas sur ceux des hommes, et qui ont une grande indépendance seront facilement qualifiées de femmes « compliquées ». Même par des garçons surdoués, qui préféreront parfois chercher une compagne plus docile chez les « normo pensantes » !

Dans une interview publiée dans le journal *Le Monde* en mai 2012, une femme surdouée déclarait : « C'est difficile de trouver un homme à la hauteur ». Cette femme a-t-elle raison ou…les femmes surdouées sont-elles plus exigeantes que leurs congénères ? Si l'on se réfère à leur perfectionnisme, à leur idéalisme et à leur lucidité, on peut supposer que c'est parfois le cas. Exigeantes avec elles-mêmes, il y a toutes les chances pour qu'elles le soient également avec leur conjoint. A cette difficulté s'ajoute le fait qu'elles vont avoir tendance à rechercher un partenaire de même intelligence qu'elles (voire supérieure) : mais leur choix est plus restreint, puisque les surdoués ne représentent que 2,3% de la population. Et le fait que le conjoint soit surdoué ne garantit pas la réussite de la relation : le rythme de vie, les objectifs, les valeurs peuvent être différents. Croire que la douance du conjoint va garantir la réussite du couple est une illusion ! L'entente entre deux conjoints hypersensibles, aux particularités marquées, n'est en effet pas toujours de tout repos.

Enfin, il peut être difficile de rencontrer un conjoint qui les apprécie vraiment pour ce qu'elles sont. Philippe Jaenada, dans son livre *La Petite Femelle*[59], raconte comment l'amant de la jeune et talentueuse étudiante en médecine Pauline Dubuisson lui fait un cadeau particulièrement inapproprié (elle lit des ouvrages de Nietzsche depuis l'âge de onze ans) : « Ils se connaissent depuis près d'un an, il devrait savoir ce qu'elle aime, ce qui l'intéresse, la marge et l'incertain, la philosophie ou les romans policiers, la modernité, les histoires troubles et décalées. Et il lui offre *Le Maître de Jalna*, l'un des nombreux tomes d'une saga familiale neuneu écrite par la Canadienne Mazo de La Roche [...]. En lisant les premiers chapitres, elle a la confirmation que Félix vit dans un autre monde qu'elle, et que, comme son père, comme sa mère, comme d'autres, il voit en elle une fille qu'elle n'est pas. » Douloureux décalage d'une jeune fille brillante, jolie et courtisée, mais par des hommes qui ne cherchent pas à savoir qui elle est réellement, et dont le sentiment amoureux n'est basé que sur une attirance physique... Or tout être humain souhaite être aimé pour ce qu'il est, et peut-être plus encore la femme surdouée : elle espère et attend l'homme qui l'aimera avec, et surtout *pour* son intensité et son caractère passionné.

c - Le difficile équilibre

Trouver un équilibre entre la vie en couple et la réalisation personnelle n'est pas de tout repos. L'actrice Hedy Lamarr exprimait ce dilemme ainsi : « Peut-être que mon problème avec le mariage - et c'est le problème de beaucoup de femmes - c'était que je voulais en même temps l'intimité et l'indépendance. C'est un équilibre difficile à trouver, et pourtant ces deux besoins sont importants dans un mariage. » Pour une femme passionnée par son activité professionnelle, et particulièrement pour les femmes créatives, ce choix peut s'avérer douloureux : car dans quelle mesure sacrifier sa carrière pour former un couple ? Le taux de divorce étant particulièrement élevé, certaines femmes hésitent désormais à faire des concessions pour une union dont la durée n'est plus garantie...

Parallèlement à cette volonté d'indépendance, les femmes peuvent cependant ressentir douloureusement le regard que porte la société sur leur statut matrimonial. La journaliste Oriana Fallaci écrivait ainsi, dans son livre *Pénélope à la guerre*: « La seule manière de devenir quelqu'un, si l'on naît femme, est d'aimer un homme. Je suis une créature normale. Je désire ce que désirent les femmes normales : un mari et des enfants. » Ou encore dans l'un des poèmes qu'elle écrira à son amant : « Je suis une chose à toi/ Je suis enfin quelque chose/ Merci. » On pourrait penser que ces phrases se situent dans un autre contexte historique et que les choses ont changé : rien n'est moins sûr. Lorsqu'un journaliste interrogera la célèbre actrice Eva Longoria sur son divorce avec le joueur de basket Tony Parker, celle-ci répondra, les larmes aux yeux : « Ça a été très difficile parce qu'avant j'étais Madame Tony Parker. Et maintenant, je ne suis plus personne. »

C - La question des enfants

a - Un rapport complexe à la maternité

Le psychologue Satoshi Kanazawa a démontré que pour chaque tranche de 15 points de QI en plus, la volonté pour une femme d'avoir des enfants chute de 25%[60]. Cette tendance est confirmée par Ellen Winner, chercheur en psychologie de l'enfant à l'université de Harvard, qui a observé que les femmes surdouées éminentes avaient trois fois plus de chance de ne pas avoir d'enfants qu'un homme marié et éminent. Les causes sont sans doute multiples : la difficulté de rencontrer un conjoint, la volonté de se consacrer à sa carrière, l'angoisse de ne pas être à la hauteur, le souvenir des difficultés que l'on a soi-même rencontrées pour s'adapter à un monde difficile pour les âmes sensibles, la peur du lendemain... La capacité d'anticipation des problèmes et le perfectionnisme, si caractéristiques du surdon, peuvent alors constituer un frein à la maternité.

Angoisse et anticipation

La fondatrice de l'AFEP (Association Française pour les Enfants Précoces) Sophie Côte et Ladislas Kiss, dans leur livre *L'épanouissement de l'enfant doué*[61], observent : « Beaucoup de femmes anciennes enfants précoces présentent de telles angoisses existentielles qu'elles ne peuvent envisager sereinement d'être mères. » Un témoignage d'Amélie Nothomb, paru dans le magazine *Fémina* en novembre 2014, semble aller dans ce sens : « Et puis j'aurais été trop possessive. J'aurais aimé ma progéniture comme une malade, ce qui n'est sûrement pas la bonne recette. Jamais je n'aurais pu être comme ma maman, qui elle, ne se faisait pas de souci et nous laissait partir à l'aventure. » Cette angoisse est également présente chez celles qui ont franchi le pas de la maternité. Voici par exemple le témoignage d'une mère de famille, membre de l'association Mensa, sur les causes de ses angoisses : « A cause de tous les dangers possibles et inimaginables [...] Et ça va du couteau dans le lave-vaisselle (lame côté bas pour ne pas qu'il s'embroche des fois qu'il tombe dessus un jour où la porte serait ouverte) aux pédophiles qui pourraient l'enlever dehors, aux voitures qui pourraient l'écraser, aux enfants de l'école qui pourraient le rejeter, anticiper les causes de tristesses ou de malaise, la nounou qui serrerait trop les couches de la petite et donc elle se sentirait mal toute la journée... ce genre de peurs-là qui peuvent sembler banales mais qui prennent une place exagérée chez moi.» L'empathie de ces femmes est sans doute bénéfique pour leurs enfants, mais une étude[62] parue dans la revue Health Psychology a démontré que les parents très empathiques souffraient plus d'inflammation chronique que les autres parents...

Pour d'autres, c'est la vision à long terme, si caractéristique du surdon, qui constitue un frein : devant les changements climatiques, et un monde menaçant qui se transforme de plus en plus vite, comment prendre la responsabilité de mettre au monde un enfant ? Angoisse que l'écrivain Linda Lê exprime par cette phrase lapidaire : « Dans un monde qui court au désastre, la procréation est un crime[63]. »

La volonté de se réaliser professionnellement

Certaines femmes font le choix de ne pas avoir d'enfants, pour se consacrer pleinement et sans réserve à leur passion, et/ou parce que le métier qu'elles exercent est difficilement compatible avec une maternité (déplacements fréquents, horaires changeants...). La pianiste Hélène Grimaud confiait dans une interview : « Je n'ai pas d'enfants à proprement parler mais il y a des enfants dans ma vie. Si je n'ai jamais éprouvé le besoin d'en avoir, c'est qu'il se trouve, à mon sens, une multitude de façons pour un artiste d'engendrer. J'ai choisi une manière d'être active qui me paraît plus appropriée à mes possibilités. Je connais aussi mon caractère, je sais combien il est entier. Cela aurait été pour moi difficile, avec mon métier. »

En France, 5 % des femmes nées en 1940 n'ont pas d'enfants, et ce chiffre est en progression : mais les femmes qui ne sont pas mères se sentent toujours un peu en faute, et obligées de se justifier. Ainsi, à un journaliste qui lui demandait pourquoi elle utilisait souvent la métaphore de la grossesse pour parler de son travail d'écrivain, l'écrivain Amélie Nothomb répondra : « Je viens d'un milieu où les femmes sont faites pour avoir des enfants. C'est sans doute, de ma part, l'expression d'une culpabilité. »

Et lorsque certaines se lancent malgré tout dans l'aventure de la maternité, il semble qu'une partie d'entre elles puisse parfois regretter ce choix. Comme l'explique Sophie Côte, « il existe aussi des mères anciennes enfants précoces qui culpabilisent de ne plus supporter l'enfant qu'elles ont désiré, tant elles sont partagées entre leur désir de réalisation personnelle et la nécessité d'être une bonne mère ». On pourra alors, pour prendre un peu de distance, lire le très amusant *No kid : quarante raisons de ne pas avoir d'enfants*[64], écrit par Corinne Maier !

b - Femmes de tête, mères atypiques

Certaines femmes brillantes, et dotées d'une forte personnalité, se montreront des mères critiques et peu patientes face aux « joies de la maternité ». Voici par exemple quelques anecdotes rapportées par le couturier Karl Lagerfeld, au sujet de sa mère, Elisabeth Bahlmann :

- Quand à 10 ans je lui racontais quelque chose, elle me disait : "Ecoute, va plus vite, moi je n'ai pas ton âge : alors fais un effort, ou tais-toi."
- Elle a essayé de m'initier au piano. Un jour, elle a refermé le couvercle du clavier sur mes doigts en me disant : "Dessine, ça fait moins de bruit !"

- Quand elle me rendait visite à Paris, elle me disait "C'est dommage que tu ne puisses pas te voir de dos. Tu as un de ces gros derrières !"
- Quand j'étais enfant, je portais des chapeaux tyroliens, et elle m'a dit un jour : "Tu ressembles à une vieille lesbienne !"
- A la mort de mon père, ma mère m'a envoyé les meubles de ma chambre, que j'ai toujours. Je lui ai dit : "Mais il y avait mon journal dans le secrétaire !" Et elle a répondu : "Je l'ai jeté. Est-il vraiment indispensable que tout le monde sache que tu étais un idiot ?"

En lisant ces anecdotes, on ne peut s'empêcher de penser à la phrase d'Agatha Christie : « Les femmes intelligentes sont souvent cruelles avec délectation » ! Trois chercheurs de la Harvard Business School (Francesca Gino, Adam Galinsky et Li Huang) ont d'ailleurs établi que le sarcasme était lié à la créativité, et qu'il pourrait ainsi représenter « la forme la plus élevée d'intelligence ».

Cette « perversité amusante » d'Elisabeth Bahlmann (selon les termes de Karl Lagerfeld), qui ne nous semble pas dénuée d'une certaine forme de méchanceté, ne l'empêcha pas de défendre, parfois, l'originalité de son fils avec un aplomb remarquable pour l'époque :

- Un jour, ma mère m'amène chez le dentiste du village. On tombe sur un des professeurs qu'elle n'avait jamais vu, le plus antipathique de tous. Il dit : "Ah, Mme, je suis ravi de vous voir. Pouvez-vous demander à votre fils de couper ses cheveux ?". Et elle a fait une chose dont je me souviendrai 3 000 ans. Elle s'est rapprochée de lui, elle a pris sa cravate, et elle lui a foutu sur la gueule en lui disant : "Pourquoi, vous êtes encore nazi ?"

Violoniste accomplie, grande lectrice, Elisabeth Bahlmann semblait également peu sensible à certaines conventions sociales : ainsi, lorsque son fils lui demanda ce qu'était l'homosexualité, elle lui répondit que c'était « comme une couleur de cheveux, qu'il y avait des blonds et des bruns, et que ce n'était pas un sujet ». Si ces paroles nous semblent aller de soi aujourd'hui, rappelons qu'une telle liberté d'esprit était assez exceptionnelle dans les années 40-50.

La mère de l'écrivain Michel Houellebecq, Lucie Ceccaldi, faisait, elle aussi, partie de ces femmes dotées d'une forte personnalité, mais peu aptes à la maternité. Voici ce qu'elle déclarait dans un entretien réalisé par les journalistes Richard Gaitet et Sébastien Broquet en 2008 pour le magazine Standard (elle a alors plus de quatre-vingts ans) :

- « Oh certes ! […] Mais les gens n'ont pas envie de se faire chier avec ces marmailles qui veulent une moto : qu'ils s'en aillent ! Les familles nombreuses, ça n'existe plus en Occident. C'est le père, la mère, ou une mère seule, deux bonnes femmes, ou deux bonshommes qui décident d'avoir un enfant. Toute leur attention est focalisée sur cet être unique, irremplaçable, qui va devenir le plus beau, le plus intelligent – qui toute sa vie sera frustré en s'apercevant que c'est faux.
L'instinct maternel existe dans la mesure où l'Homme est un animal : moi aussi je l'ai. Je n'ai pas eu envie de l'étouffer à la naissance, le Houellebecq. J'ai donné à téter, je l'ai torché, bercé, langé, cajolé, caressé (contrairement à ce qu'il dit) jusqu'à cinq mois. C'est-à-dire sa période inconsciente. Puis je ne m'en suis plus occupée... Parce que j'étais médecin, à parcourir les montagnes et les vallées dans un pays sous-développé. Je faisais parfois trois cents kilomètres par jour. On ne peut

pas être une femme active et mère de famille. Non ! Les femmes qui disent y parvenir n'ont pas plus l'instinct maternel que moi ! Elles profitent d'un système ! Aide-ménagère, école maternelle, nourrice ! Je ne dirais pas que je suis une bonne mère, plutôt une femelle sur occupée : je préfère être indépendante, libre, baiser avec tout le monde ou personne si ça me fait plaisir, gouine si je veux ! Les gens comme moi n'auraient pas dû avoir d'enfants. Parce que si on n'est pas foutu de s'en occuper, on n'en fait pas. »

c - Les mères au foyer

La psychologue Leta Holligworth avait résumé la situation des femmes qui restent à la maison pour élever leurs enfants par cette phrase lapidaire : « Femme au foyer, domaine où l'éminence est impossible ». Quand leurs moyens financiers le leur permettent, certaines font ce choix et en sont très heureuses. L'éducation des enfants est, par certains aspects, une activité très créative ! Il faut s'adapter à la personnalité de chaque enfant, savoir encourager les talents de chacun, leur proposer des activités manuelles, jongler avec un emploi du temps chargé, organiser la maisonnée, savoir réaliser un repas succulent avec quelques restes dans le frigo…

Mais les femmes au foyer sont aussi souvent les plus isolées : et si elles vivent loin d'une grande ville, elles risquent d'être privées de certaines activités. Judith Bimbaum a réalisé en 1975 une étude[65] auprès de femmes surdouées âgées de 35 à 45 ans : les femmes au foyer avaient une bien plus mauvaise estime d'elles-mêmes que les femmes qui travaillaient et avaient des enfants, ou que celles qui travaillaient mais n'avaient pas d'enfants. Elles se sentaient aussi seules que celles qui étaient célibataires et sans enfants, bénéficiaient d'une santé mentale moins bonne, et considéraient leur mariage de façon plus négative que les femmes qui travaillaient. Ces dernières se sentaient moins seules, et avaient une relation matrimoniale plus épanouie.

D - La vie amicale

L'amitié idéale fait rêver la plupart des gens, comme en témoigne le succès de la série *Friends*. Mais il semble qu'elle soit encore plus difficile à obtenir pour les individus surdoués, et qu'ils soient victimes de désillusions plus nombreuses. Tout d'abord parce qu'il leur est plus difficile de trouver des gens avec qui partager leurs passions, parfois originales : s'il est facile de trouver quelqu'un avec qui discuter du dernier match de football, il en va autrement de la myrmécologie par exemple ! Leur hypersensibilité et leur idéalisme pourront également être un frein, car ils seront facilement blessés par les agissements de leurs proches : l'entourage, qui ne comprend pas ces réactions, s'éloignera alors car l'individu leur paraîtra « trop compliqué ». Et parfois, leurs réussites professionnelles, leurs pensées parfois fulgurantes pourront entraîner la jalousie de certaines personnes de leur entourage.

Chez les femmes, le côté passionné sera souvent mal reçu, et risque d'être vécu comme une preuve d'exubérance ou une tentative de domination. Et là encore, leur hyperempathie peut jouer un rôle néfaste : éternelles confidentes, certaines femmes distribuent leur énergie sans discernement. Et quand elles demandent un peu d'attention à leur tour, elles se rendent compte, mais un peu tard, que la réciprocité n'est pas de mise. De déceptions en déceptions, certaines peuvent même s'enfermer dans une triste solitude. La solution sera alors d'apprendre à poser les bonnes distances, à déterminer quels sont leurs besoins, leurs limites, et à établir dès le départ une relation de réciprocité.

L'autre danger est une sur adaptation : nous l'avons vu, les femmes connaissent bien ce syndrome du caméléon. Elles collent inconsciemment aux attentes de leurs interlocuteurs : pour ce faire, elles prétendront s'intéresser aux mêmes loisirs, se forceront à participer à certaines activités qu'elles apprécient modérément ; mais un jour le vernis craque. Leur idéalisme leur fait espérer l'amie unique, celle qui sera toujours là pour soi, et pour qui on sera toujours là. Pour ce trésor, elles seraient prêtes à abandonner beaucoup d'elles-mêmes : et seule la déception d'une relation à sens unique, ou la défection de « l'amie » les renvoie à elles-mêmes, libres – mais seules.

Cette amie sur laquelle elles ont placé tant d'espoir devient même parfois agressive à leur égard : jalousie ? « Mais de quoi ? », se demandent-elles. Elles sont les seules à ne rien voir. Sally Reis fait cette observation : « Dans grand nombre d'entretiens conduits avec à la fois des femmes âgées, et des femmes plus jeunes surdouées, des sentiments de solitude et de trahison par d'autres femmes sont décrits ». Les femmes qui réussissent sont par exemple souvent comparées aux femmes qui sont restées à la maison. Certaines fausses amies cherchent alors la faille, et leur disent avec une cruauté mêlée de plaisir : « Tu as une carrière, mais pas de mari ».

4.

Vie professionnelle

La réflexion sur les particularités des individus surdoués au travail n'en est qu'à ses débuts, mais quelques ouvrages permettent déjà d'entrevoir les singularités des « hauts potentiels » face au monde professionnel. De façon évidente, le don constitue souvent un atout formidable au travail : il permet d'exceller, de trouver sa place et d'être reconnu dans la société. Il permet également d'économiser du temps et de l'énergie : car quand on a moins besoin de travailler pour obtenir les mêmes résultats que les autres, le temps libéré permet de s'adonner à d'autres activités et passions, et donc d'élargir encore ses compétences, sa culture ou son bien-être.

Cependant, certaines caractéristiques liées au surdon (notamment l'intensité et le perfectionnisme) peuvent se révéler problématiques dans le monde professionnel.

A - Les surdoués au travail

a - Des difficultés d'adaptation

Un rythme différent et un besoin de stimulation intellectuelle

L'adulte HQI réfléchit différemment : sa pensée fonctionne en arborescence, mais surtout son rythme mental est beaucoup plus rapide. Il a sans cesse besoin d'apprendre quelque chose de nouveau, d'être stimulé, de travailler à la résolution de problèmes complexes. Cette différence de rythme, le désintérêt pour certaines activités peuvent l'amener à s'ennuyer très rapidement, surtout si son emploi comporte trop de tâches routinières. Il peut alors fournir des performances très fluctuantes selon son niveau d'intérêt, voire sombrer dans la dépression. Si cet adulte a connu une scolarité chaotique ou médiocre (selon la psychologue Jeanne Siaud Facchin, 45% des surdoués vivraient un redoublement, 20% n'obtiendraient pas le baccalauréat et 17% feraient des études médiocres[66]), il est encore plus à risque de se retrouver en « sous-performance », car il n'aura pu accéder qu'à un emploi subalterne, en dessous de ses capacités réelles.

Le besoin d'une vision d'ensemble

Les adultes surdoués semblent être plus performants dans des tâches exigeant une vision globale et dans l'initiation de projets, que dans la concrétisation et les tâches techniques. Mener un projet jusqu'à son terme peut alors s'avérer difficile, car une fois pensé, le projet doit être matérialisé : or cette étape, plus routinière, n'enthousiasme pas les individus à haut potentiel. De ce fait, ils peuvent être considérés comme des « touche-à-tout », ou des dilettantes. Cette tendance chez eux est assez compréhensible, car diriger un projet global nécessite de prendre en compte une multitude de facteurs différents et d'anticiper, activités dans lesquelles l'individu surdoué excelle souvent. Et les tâches répétitives n'apportent aucune connaissance supplémentaire.

Une certaine instabilité

Un nombre non négligeable d'adultes à haut potentiel trouve difficile de choisir parmi de multiples centres d'intérêt (« multipotentiality[67] »). Non seulement ils ont du mal à choisir une voie professionnelle lorsqu'ils sont étudiants, mais plus tard, lorsqu'ils sont en poste, ils changent souvent d'emploi. Se contenter d'un seul sujet leur est particulièrement difficile : on parle alors de « scanneurs ». A ce trait s'ajoute parfois un TDAH, qui rend la concentration difficile. On leur reproche alors leur instabilité, qui peut s'étendre à d'autres domaines (déménagements fréquents, …). Ces changements entravent leur évolution de carrière, avec toutes les conséquences financières que cela entraîne (absence de promotions par exemple).

Une sensibilité et des besoins particuliers

La question des horaires de travail peut, pour certains, être source de problème : le psychologue Satoshi Kanazawa a en effet démontré que plus un individu est intelligent, plus il aura tendance à se coucher tard. Devoir se rendre à son travail tôt le matin peut alors s'avérer particulièrement douloureux, comme en témoigne le sketch de Florence Foresti sur son expérience en entreprise ! Il est parfois très difficile d'intégrer la nécessité sociale d'horaires de travail fixes et rigides : pour nombre d'individus surdoués, seuls devraient compter les horaires où ils sont productifs, dans la mesure où le travail demandé est effectué. On remarque que les entreprises les plus innovantes comme Google ont compris la nécessité de laisser une certaine marge de liberté à leurs employés créatifs : en France, en revanche, le conformisme reste de mise à ce sujet. Or devoir rester sur son lieu de travail pendant sept heures alors qu'on a terminé ce que l'on avait à faire en deux heures peut s'apparenter pour certains à un véritable supplice : c'est une situation illogique pour un individu qui pense en termes de résultats obtenus et d'efficacité.

Les individus à haut potentiel sont également souvent plus sensibles aux conditions « matérielles » de travail que leurs collègues : le niveau sonore, l'éclairage artificiel (néons qui clignotent), le fait de travailler en open-space, la climatisation ou le chauffage mal réglé : tous ces éléments peuvent les gêner et augmenter leur stress.

En France, la question de l'intégration des surdoués en entreprise est quasiment inexistante, sans doute parce que notre pays est très influencé par une idéologie égalitaire, et aussi pour des raisons de facilité évidentes. Et même dans les pays où quelques aménagements de postes sont effectués pour améliorer les conditions de travail des HP (coaching…), il semblerait que les collègues de travail réagissent à ces aménagements soit par la moquerie, soit par une réprobation et de la jalousie : le combat n'est donc pas gagné.

b - Les difficultés relationnelles

Du perfectionnisme appliqué à soi et... aux autres

L'adulte surdoué peut avoir du mal à déléguer, à cause de son niveau d'exigence très élevé. Il peut également faire preuve d'impatience si ses collègues ou collaborateurs ne vont pas assez vite, ou ne font pas leur travail assez bien selon ses critères. Très observateur, il va rapidement repérer les tire-au-flanc, les erreurs, les défauts : cette capacité, fort logiquement, va être ressentie comme une menace par l'entourage professionnel qui trouve son intérêt dans un statu quo confortable. Hypercritique, il est en revanche peu doué pour la diplomatie : il formule ses reproches ouvertement, ce qui peut le conduire au licenciement.

Les conventions sociales

Chaque entreprise possède ses propres codes, et certains comportements sont attendus de façon tacite, pour montrer que l'on fait partie d'un même groupe. Il peut s'agir de devoir faire la bise à tout le monde le matin, d'assister à des réunions interminables et stériles, à des pots d'adieux et à des discussions creuses autour de la machine à café. Toutes ces conventions peuvent fortement agacer l'adulte HQI : peu dupe, il perçoit la fausseté qui se cache derrière ces comportements de façade, et refuse d'y participer, ce qui sera souvent mal interprété par l'entourage professionnel. La nécessité d'une tenue vestimentaire qui cadre avec l'image que l'entreprise souhaite donner peut valoir au surdoué qui ne s'y soumet pas (consciemment ou pas) des réflexions peu amènes. Quant aux employeurs, ils sont souvent peu rassurés par ces profils complexes qu'ils ont du mal à cerner, et qui posent beaucoup trop de questions : cet individu qu'ils reçoivent en entretien d'embauche va-t-il s'ennuyer rapidement à son poste ? Va-t-il « cadrer » avec le reste de l'équipe ?

Idéalisme et naïveté

Beaucoup font preuve d'un certain idéalisme, peu compatible avec le monde professionnel. Ils entament leur vie active avec des notions d'intégrité, de fiabilité, et d'équité : cet angélisme risque de les pénaliser, dans un milieu où les plus retors obtiennent souvent les postes les plus élevés. Ils ont des difficultés à accepter le double langage de l'entreprise, où l'on vante « l'innovation », mais où toute initiative est rejetée sans appel, à partir du moment où elle bouleverse le précieux consensus. Cette naïveté et ce perfectionnisme peuvent les conduire à assumer plus de travail que leur poste ne le prévoit, ou à voir leurs idées utilisées sans scrupules par d'autres. Bien sûr, tous les surdoués ne sont pas de doux idéalistes, certains sont même de redoutables manipulateurs : mais… ceux-ci ne rencontrent pas de problème au travail !

Originalité et anticonformisme

La créativité de l'individu surdoué est souvent mal reçue au sein de l'entreprise : ses propositions, trop originales, seront rejetées. Sa personnalité différente inquiète ses collègues et supérieurs, car son comportement n'est pas prévisible. L'objectif de l'entreprise est de créer une cohésion, la plupart du temps de façade : celui qui ne cadre pas dans le groupe est exclu. Arielle Adda et Thierry Brunel rapportent, dans leur ouvrage *Adultes sensibles et doués : trouver sa place au travail et s'épanouir*[68], le cas d'une jeune femme surdouée, Tina, qui travaille en entreprise mais qui est licenciée malgré ses bonnes performances. Voilà l'explication qui lui est donnée : « On pense que tu n'es pas faite pour rester chez nous parce que *tu ne rentres pas dans le format.* »

Des difficultés à communiquer

L'adulte HQI peut avoir du mal à s'exprimer de façon diplomatique, et passer pour un « Monsieur-Je-Sais-Tout » arrogant. Il peut par exemple affirmer quelque chose de façon péremptoire, sans prendre la peine de justifier son raisonnement auprès de sa hiérarchie ou de ses collègues, car « il sait » qu'il a raison. Il peut également se focaliser excessivement sur le contenu, et négliger l'aspect relationnel, alors que celui-ci est déterminant dans la vie professionnelle (avoir la faculté de se mettre en avant, maintenir une bonne entente avec ses collègues de travail…). Ces difficultés se répercutent sur sa capacité à travailler en groupe : or beaucoup, sinon la majorité des offres d'emploi, réclament ce type de compétences à l'heure actuelle. Sans doute les individus surdoués considèrent-ils que les rituels sociaux et autres convenances sociales sont une perte de temps : ils pensent et agissent à leur rythme, sans parfois prendre conscience que leurs interlocuteurs ont besoin de plus de temps pour comprendre les données d'un problème.

Le « tall poppy syndrome »

Cette expression caractérise les jalousies qui peuvent s'élever face à un individu particulièrement brillant et hors du commun. Dans certains environnements professionnels, la singularité et les facilités de l'individu surdoué pourront lui attirer des inimitiés féroces. S'il ne possède pas les ressources mentales pour y faire face, l'expérience peut s'avérer cruelle, et le monde de l'entreprise peut se révéler être « un lieu riche en torture et en désillusions », selon l'expression utilisée par la psychologue Monique de Kermadec[69].

B - Les femmes surdouées au travail

Tout d'abord, quelques bonnes nouvelles : selon Barbara Kerr (2014), les femmes surdouées abandonnent moins aujourd'hui leurs objectifs à l'adolescence, et elles s'orientent de plus en plus vers des carrières non traditionnelles (médecine, droit…). Elles ont également plus accès aux postes à forte responsabilité et à salaire élevé, et se dirigent plus vers les matières scientifiques. Cependant, certaines de leurs particularités continuent à poser des problèmes dans le monde professionnel.

a - Un côté masculin mal perçu

Nous l'avons vu, les femmes surdouées possèdent souvent des caractéristiques plus masculines que les autres femmes. Selon Woolleat[70], elles ont plus tendance à choisir des carrières où elles occupent des postes de commandement, à faire des choix moins traditionnels pour leur genre, et ont un plus grand besoin de réussite dans les domaines académiques et professionnels que les autres femmes en général. Pour celles qui choisissent des postes à responsabilité, leur volonté et leur énergie peuvent être perçues comme de l'agressivité. Elles passeront pour des dominatrices tyranniques, pour des castratrices, car elles rompent avec l'image classique du féminin. Le leadership, qui est considéré comme une qualité chez un garçon, ne le sera pas chez une fille. Paula J Caplan, psychologue et chercheuse, déclare : « Si vous rencontrez une femme qui a du génie, ou qui est surdouée, les gens vont tout de suite penser qu'elle va se comporter comme une garce, ou qu'elle va être décevante. C'est un jeu où elle est forcément perdante : plus elle est intelligente, moins elle est censée être chaleureuse et humaine. »[71]

b - Trop gentilles ?

Pour celles qui sont très empathiques et dont l'estime de soi est fragile, la carrière peut s'avérer être un chemin parsemé d'embûches et de désillusions. Elles se mettront au service des objectifs des autres, au lieu de se consacrer aux leurs. Elles auront également du mal à s'affirmer, et n'oseront pas demander une augmentation ou une promotion largement méritée. Ou bien, leur perfectionnisme aidant, elles travailleront au-delà de ce qui leur est demandé, mais leur bonne volonté ne sera jamais récompensée. Par manque de confiance en elles, et contrairement aux hommes, elles n'accepteront une promotion que si elles pensent posséder 100% des qualités requises. Elles auront le « good girl syndrome » (ou « complexe de la bonne élève ») : ainsi, elles penseront que bien travailler leur suffira pour se faire remarquer, comme à l'école où la maîtresse les félicitait pour leurs bons résultats. Et étant peu sûres d'elles, elles postuleront à des postes moins importants, prendront moins de risques que les garçons, et tenteront d'adopter une attitude conformiste pour ne pas passer pour une « harpie ».

c - Un risque de burn out accru

Dans les cas les plus extrêmes, la femme surdouée subira un burn out, victime de son perfectionnisme et de sa volonté de tout faire « parfaitement » : enfants, couple, travail, amis. Les dilemmes qu'elle connaît sont plus douloureux, car ses capacités sont plus élevées : l'éventail des choix possibles est plus large, et elle a souvent besoin de faire des activités en dehors de son travail pour s'épanouir. Les emplois à forte responsabilité auxquels elle peut prétendre permettent difficilement des horaires à mi-temps (ingénieur, chef d'entreprise...). Ces femmes peuvent vivre dans une culpabilité permanente : c'est le cas de beaucoup de mères qui travaillent, mais les femmes surdouées présentent souvent une hyperempathie (source de culpabilité face à leurs enfants) et un perfectionnisme qui les rendent très fragiles. Ce perfectionnisme, elles le vivent aussi dans leur emploi, et les difficultés professionnelles peuvent les affecter plus que de raison. Le Docteur Noks Nauta, membre de Mensa, évoque dans son livre *Gifted workers : hitting the target*[72], ce risque accru de burn out chez les individus surdoués, car ils ont tendance à ne pas écouter les signaux que leur corps leur envoie lorsqu'ils sont en souffrance. Il serait d'ailleurs intéressant de comprendre pour quelles raisons ces individus ignorent leurs propres perceptions : est-ce une habitude prise depuis leur plus jeune âge, pour réussir s'adapter à la vie en communauté et « faire comme tout le monde », alors qu'ils sont assaillis en permanence (à cause de leur hyperesthésie) par des stimuli non désirés : sons, odeurs, lumières, parfums... ?

d - Le syndrome de l'imposteur

Nicole le Douarin, biologiste et professeur honoraire au Collège de France, déclarait dans une interview : « J'observe que beaucoup de femmes arrivées à de hautes fonctions ont le sentiment qu'elles ne l'ont pas vraiment mérité ... » Jodie Foster, quant à elle, déclarait en 1995 dans une interview pour CBS, qu'avant de gagner l'Oscar pour le film « The Accused », elle se sentait « comme un imposteur, comme si je jouais un rôle, et qu'un jour ils se rendraient compte que je ne savais pas ce que je faisais. »

Comment se manifeste ce syndrome de l'imposteur ? Il s'agit d'un sentiment d'inadéquation qui persiste, malgré des preuves objectives d'efficacité et de réussite. Il se traduit par des sentiments de doute permanent, et la peur que son incompétence (fantasmée) soit démasquée par l'entourage. Il peut aussi résider dans le fait de penser qu'on ne mérite pas son succès, ou alors attribuer ce succès à la chance, et minimiser ses réussites. Un étudiant pourra par exemple penser qu'il a été pris dans une université « par erreur » de la commission d'admission. Ce syndrome représente donc une incapacité à évaluer correctement ses succès, ainsi qu'à les intégrer et à les apprécier. Il entraîne également la peur d'une prise de risque, puisque toute exposition et prise de responsabilité signifie être en danger d'être démasqué. Cette peur d'être un imposteur peut concerner la plupart des individus, mais elle est souvent associée à la douance, à cause du haut niveau de performance qu'elle implique. Voici par exemple ce que déclarait le Docteur Olivier Ameisen, brillant chirurgien et pianiste émérite, qui avait obtenu une dérogation spéciale pour passer son bac bien avant l'âge requis : « Ma réussite scolaire n'a pas amélioré l'opinion que j'avais de moi-même : si j'étais premier de la classe, c'est simplement parce que j'étais dans une école pour attardés. […] Je suis nul. Si les autres n'ont rien remarqué, c'est parce qu'ils ne s'y connaissent pas vraiment. »[73]

Ce syndrome semble particulièrement fréquent et intense chez les femmes surdouées : pour le contrer, il est essentiel de prendre conscience qu'on en est victime, et d'identifier ses pensées automatiques. Il s'agira de faire la différence entre ses pensées et la réalité, et de ne pas hésiter à se faire aider par un thérapeute si ce sentiment d'imposture persiste.

5.
Une éducation

A - Les filles surdouées à l'école

L'école est souvent le théâtre des premières grandes expériences de socialisation des enfants et adolescents : les futurs adultes y apprennent à vivre en groupe, en dehors du regard bienveillant de leurs parents. C'est également un lieu où un « rôle » leur est attribué : il y a l'intello, le cancre, le turbulent, la sportive… Les enfants surdoués n'échappent pas à la règle ; et si certains décrochent le label de « grosse tête », d'autres se distinguent par un comportement agité et rebelle, particulièrement les garçons.

Les filles, elles, semblent adopter une attitude plus calme, et tentent de donner satisfaction aux professeurs, comme à leurs parents. Mais si ce comportement leur permet d'être considérées comme des élèves modèles, il est possible qu'il puisse leur nuire à long terme, car leurs capacités ne sont alors pas suffisamment considérées.

Du côté des professeurs

Nous avons vu que les professeurs avaient tendance à associer les bons résultats des filles à leurs efforts, tandis que ceux des garçons étaient plutôt attribués à leurs compétences. Une étude[74] de Georg Stöckli a également démontré que même si les compétences et les notes en mathématiques étaient égales entre garçons et filles, les enseignants jugeaient les aptitudes des filles inférieures.

Or cette sous-évaluation des compétences des filles surdouées risque de leur porter préjudice au cours de leur scolarité : à l'évidence, le label d'enfant doué est plus valorisant, aux yeux de la société, que celui d'enfant « dur à la peine ». Les filles auront alors moins confiance en leurs capacités que les garçons, et penseront que tout le monde pourrait obtenir les mêmes résultats qu'elles en travaillant. Doutant de leurs talents, elles pourront prendre l'habitude d'adopter un profil bas, et de réfréner leurs ambitions. Il est également possible que cela les entraîne à se concentrer de façon excessive sur le contenu de leur travail, au détriment des compétences sociales qui jouent un rôle tout aussi important dans le monde professionnel. Et elles auront plus de mal à découvrir, qu'elles aussi, sont des « surdouées », ce qui aura des conséquences sur leur trajectoire personnelle.

A l'opposé, si la fille surdouée adopte un comportement plus actif, et pose beaucoup de questions en classe, elle sera plus souvent perçue comme agressive et pénible, tandis que ce comportement sera perçu favorablement chez un garçon. Ainsi, selon Myra and David Sadker (1994), les comportements attendus par les enseignants étaient les suivants: « (…) les garçons devaient s'imposer à l'école, et retenir l'attention du professeur; les filles devaient se comporter « en ladies » et rester tranquilles ».

Du côté des élèves

Les professeurs en psychologie Myriam De Leonardis et Yves Prêteur, ainsi que la monitrice de l'enseignement supérieur Aude Villatte, ont observé, dans une étude réalisée en commun, que « les garçons [surdoués] sont plus confiants en leur stabilité émotionnelle et en leurs compétences physiques. Ils revendiquent par ailleurs davantage leur statut d'adolescents à haut potentiel, les caractéristiques qui lui sont attachées (le talent, le « don », etc.) et le sentiment de différence qui en résulte. À l'inverse, les filles insistent sur les efforts qu'elles font pour s'adapter, à la fois aux attentes de leurs pairs et aux exigences de l'institution scolaire[75]. » Le résultat de cette étude s'accorde avec le constat, fait précédemment, d'une nature plus « relationnelle » des filles, et de leur volonté d'adaptation plus forte.

Et comment garçons et filles surdoués sont-ils perçus par leurs camarades de classe ? Selon une étude[76] réalisée en 1991 sur presque 500 étudiants, les garçons surdoués étaient perçus comme les plus populaires, tandis que les filles l'étaient le moins : elles étaient vues comme tristes ou maussades, tandis que les garçons étaient perçus comme ayant un grand sens de l'humour. Là encore, nous constatons que les filles surdouées sont défavorisées, car leur douance leur procure moins de « bénéfices sociaux » que les garçons.

B - Le rôle des parents

Ce chapitre présente un résumé de recommandations d'auteurs et de psychologues spécialisés dans la douance.

L'importance d'une détection précoce ?

D'après Stamm (2003)[77], les filles dont le haut potentiel a été identifié et qui se sentent reconnues par la famille et par l'école ont une estime de soi aussi élevée que les garçons surdoués. Le fait d'être identifiée comme surdouée semble être vécu de façon positive, et constituer une motivation pour mieux réussir à l'école[78]. D'où l'intérêt de faire passer les tests, même si les fillettes ne rencontrent aucune difficulté à l'école. Les fillettes auraient tendance à douter d'elles-mêmes et à ne répondre qu'aux questions où elles sont sûres d'avoir la réponse, dès l'âge de 8-9 ans. Linda Silverman conseille donc de les faire tester dès l'âge de 5 ans. La meilleure solution pour accélérer le programme scolaire d'un enfant à haut potentiel, et en particulier d'une fille, semblerait être l'entrée précoce en maternelle. Ainsi, il n'y aurait pas de rupture dans le parcours dû à un saut de classe, et les résultats, tant sur le plan scolaire que sur le plan social seraient optimaux (Silverman, 1986). Même si certains parents craignent que leur enfant ne devienne arrogante suite à l'apposition du « label » surdoué, cette reconnaissance est cruciale pour les filles, parce qu'elles ont tendance à penser qu'elles sont bizarres, et qu'elles se sentent souvent différentes et rejetées.

Rester vigilant

Il est important de ne pas relâcher son attention sous prétexte que l'enfant réussit bien en classe. L'apprentissage de l'effort est primordial : les filles sont souvent appliquées à l'école, et travaillent plus que les garçons. Mais dans les petites classes, certaines peuvent réussir en fournissant un effort personnel dérisoire. Wilfried Lignier le souligne : « Les parents ont tendance à se reposer davantage sur l'autonomie, réelle ou supposée, de leur(s) fille(s). » Or le quotient intellectuel n'est pas le seul prédicteur de la réussite : la persévérance et l'acquisition de méthodes de travail jouent également un rôle décisif. Il sera important de continuer à surveiller attentivement la scolarité de son enfant, au risque de voir ses résultats s'effondrer à partir du collège.

Certains écueils sont fréquemment rencontrés par les filles surdouées : le perfectionnisme par exemple, qui peut s'appliquer à plusieurs domaines, comme les résultats scolaires, mais aussi l'apparence physique (risque d'anorexie). Il sera donc important d'expliquer à son enfant qu'il a un niveau d'exigence supérieur à la norme, qu'il existe deux sortes de perfectionnismes (néfaste/bénéfique), et de l'aider à tempérer ce trait de caractère avec bienveillance. Si votre fille a tendance à procrastiner par excès de perfectionnisme, vous pouvez par exemple lui faire découvrir la phrase qui trône dans les bureaux du fondateur de Facebook, Mark Zuckerberg : « Done is better than perfect » !

Tous les ouvrages s'accordent pour indiquer que l'adolescence constitue une période particulièrement critique pour les filles surdouées. Barbara Kerr a mentionné en 2014 que la puberté de plus en plus précoce chez les jeunes filles constituait un facteur de risque pour la réalisation de leur potentiel, car elles risquaient de se détourner de leurs études. C'est le cas pour presque toutes les jeunes filles de cet âge, mais l'intensité de votre fille peut rajouter quelques difficultés supplémentaires. En effet, les enfants surdoués sont souvent sujets à une certaine asynchronie : ils sont en avance intellectuellement, mais peuvent rester naïfs, et manquer parfois de bon sens sur certains sujets. Votre fille peut par exemple ne pas intégrer certaines normes sociales. Son goût de la découverte peut l'entraîner à s'engager dans une relation avec un homme beaucoup plus âgé qu'elle, ou bien à essayer certaines substances illicites. Il faudra donc lui apprendre à être *modérément* ouverte aux expériences nouvelles, surtout si elle a un tempérament créatif.

Il faudra également rester vigilant sur la possibilité d'un harcèlement à l'école, et surveiller de très près son estime d'elle-même. Si elle a un tempérament hypersensible et généreux, il sera utile de lui apprendre à prodiguer sa gentillesse à bon escient, et lui faire comprendre que l'égoïsme, dans une certaine mesure, est nécessaire. Votre fille peut également faire partie des *Twice exceptionnal* : c'est-à-dire qu'elle peut présenter certaines difficultés en plus de la douance, comme des difficultés d'apprentissage, ou un trouble du spectre autistique. Plus vous serez renseigné(e) à ce sujet, plus vous pourrez détecter un éventuel problème et l'aider. Veillez également à ne pas la submerger d'activités (sauf si elle le demande bien sûr) : laissez-lui des temps de rêverie, souvent les plus productifs chez les créateurs ! Enfin, si avez vous-même été détecté(e) tardivement, et ne vous êtes pas pleinement réalisé(e), soyez-en conscient(e), et tentez de ne pas projeter vos frustrations sur votre enfant.

Anticiper et expliquer

Les femmes, en plus de leur vie professionnelle, doivent également gérer le fait devenir mère (ou pas), la tenue d'un foyer, et elles sont également tributaires de leur horloge biologique. Dans un laps de temps assez restreint, elles doivent tout mener de front. L'idéal semble être de préparer la jeune fille aux obstacles qui l'attendent : lui expliquer par exemple que dans certaines carrières, elle pourra difficilement travailler à mi-temps. Que si elle veut mener une carrière prenante et avoir des enfants, il sera utile d'avoir un très bon salaire pour pouvoir se faire aider. Voici par exemple ce que déclare la scientifique et spationaute Claudie Haigneré : « Quand les femmes me demandent comment j'ai fait pour tout concilier, je réponds que je n'ai pas de mérite car tout est plus facile avec un bon salaire ». Il ne s'agit pas de lui faire établir un plan de carrière dès l'adolescence, mais de lui apprendre à se poser les bonnes questions : quelles sont mes valeurs ? Mes priorités ? Mes possibilités ? L'idéal étant de lui présenter différents modèles, pour qu'elle puisse se repérer dans le champ des possibles, et peser le pour et le contre de chaque modèle.[79]

Il faudra également l'inviter à réfléchir à l'impact que sa future vie de famille pourra avoir sur son mode de vie. Certaines questions pratiques peuvent être abordées : la question des horaires, de la garde des enfants, une possibilité ou non de télétravail. Et il sera important de l'aider à établir ses propres critères de réussite. Enfin, vous pourrez lui faire prendre conscience des messages envoyés par la société, et des stéréotypes, pour qu'elle puisse mieux les contourner tout en réussissant son intégration.

Nourrir

Les filles surdouées semblent avoir plus besoin d'être soutenues émotionnellement que les autres fillettes[80]. Il est donc vital d'augmenter leur confiance en elles-mêmes, et de ne pas assimiler leurs dons aux seuls efforts qu'elles fournissent. Il est bien d'encourager l'ambition, mais vous pouvez aussi lui expliquer qu'il est important de réussir à instaurer un équilibre entre vie personnelle et vie professionnelle. Vous pouvez l'encourager en lui montrant des modèles de femmes qui ont réussi brillamment professionnellement, et qui ont aussi fondé une famille. Vous pourrez lui offrir une ouverture culturelle, l'encourager à exprimer ses ressentis (par exemple en tenant un journal), et l'aider à réguler ses émotions.

Il est important d'accepter ses centres d'intérêt plus « masculins » (jeux de plein air…), et de lui donner la possibilité de fréquenter d'autres surdouées avec lesquelles elle pourra être elle-même, et relever des défis plus stimulants. Kerr (1995) conseille de ne pas mettre la pression sur les fillettes pour qu'elles aient de multiples relations amicales. Selon elle, entre l'âge de sept et onze ans, les fillettes apprécient d'être seules, surtout si elles aiment lire. Donc il peut être contre-productif de les forcer à fréquenter d'autres enfants, surtout si des camarades du même niveau intellectuel ne sont pas disponibles, car elles ne souffrent pas forcément d'anxiété sociale. A l'adolescence, il sera préférable d'accepter qu'elles souhaitent ressembler aux autres (mode, sorties), mais vous pouvez aussi leur apprendre à supporter de ne pas être conformes à tout prix. Et enfin, montrez que vous les aimez pour ce qu'elles sont, et non pas pour leurs performances.

6.
Surdouées et créatives

A - Les individus créatifs

La créativité est, d'après la définition du dictionnaire Larousse, la « capacité d'invention, d'imagination ; pouvoir créateur. » Des psychologues américains (Csikszentmihalyi[81], Gardner[82], Simonton[83...]) se sont penchés sur les traits de personnalités caractéristiques des individus créatifs depuis la fin des années 50. Voici les plus importants :

- Adaptabilité
- Curiosité, ouverture d'esprit
- Prise de risque
- Persévérance
- Perfectionnisme
- Anticonformisme
- Indépendance

Au-delà de ces traits généraux, certains aspects paradoxaux semblent, selon Csikszentmihalyi, caractériser ces personnalités créatives :

1. Les individus créatifs ont un *trop-plein d'énergie physique*, mais ont souvent *besoin de tranquillité et de repos*. Ils ont également une bonne dose d'énergie libidinale, qu'ils alternent avec des phases de célibat spartiate.
2. Ils sont souvent *intelligents et complètement naïfs*.
3. Ils possèdent un *mélange de fantaisie et de discipline/de responsabilité et d'irresponsabilité*.
4. Ils passent *alternativement de l'imagination et du fantasme à un sens pratique de la réalité* dans le but de se détacher du présent sans se couper de la réalité.
5. Ils semblent capables de *passer de l'introversion à son opposé, l'extraversion*.
6. Ils sont à la fois remarquablement *humbles et fiers*.
7. Ils *associent dans leur esprit avec un bon dosage le masculin et le féminin*, échappant jusqu'à un certain point aux stéréotypes habituels.
8. Ils sont *rebelles et indépendants, mais avec un penchant assez fort pour les traditions*.
9. Ils allient *passion et objectivité*.
10. Ils éprouvent à la fois des *sentiments de joie et de souffrance* du fait de leur ouverture et de leur sensibilité extrême.

Bien sûr, tous les individus créatifs ne sont pas surdoués, et tous les surdoués ne sont pas créatifs. Cependant, certains auteurs avancent qu'il est difficile de faire un travail créatif avec un QI inférieur à 120. Et l'on retrouve dans la personnalité de l'individu surdoué certains traits communs avec les créateurs : perfectionnisme, hypersensibilité (sensorielle, émotionnelle), goût pour la complexité et les idées nouvelles, persévérance, traits de caractère contradictoires, idées visionnaires et anticonformisme. Les surdoués font également preuve d'une grande curiosité, ce qui leur permet de s'ouvrir à une quantité de connaissances bien plus importante, et donc d'établir des analogies et des connexions entre les idées.

La créativité peut bien sûr se manifester sous n'importe quelle forme, que ce soit dans un talent particulier en broderie, cuisine, peinture... mais certains domaines seront plus reconnus socialement que d'autres, et seront plus facilement compatibles avec une vie de famille ! Elle peut apparaître à des moments inattendus d'« inoccupation fertile » : les meilleures idées peuvent ainsi voir le jour pendant des activités semi-automatiques comme la marche, le jardinage, le ménage (...) : activités qui requièrent un certain niveau d'attention, tout en laissant un degré de liberté pour provoquer des connexions entre les idées.

B - Féminité et créativité

Dans « A psychological study of 10 exceptionally creative adolescent girls » (1970), Schaeffer retrouvait les points communs suivants chez les femmes créatives :

- Elles étaient confrontées à une grande variété de modèles (famille, enseignants)
- Leurs parents avaient un âge relativement avancé au moment du mariage, un haut niveau d'instruction, et un grand intérêt pour tout ce qui touche à la culture
- Elles s'identifiaient plus à leur père qu'à leur mère
- Elles lisaient beaucoup
- Elles étaient particulièrement attirées par l'art et l'écriture
- Elles avaient toutes des loisirs qu'elles cultivaient dès la petite enfance

- Elles préféraient une ou deux relations amicales intenses à un cercle amical plus large et superficiel
- Elles alliaient ouverture au changement, impulsivité, imagination, curiosité, agressivité, autonomie et sensibilité émotionnelle

Et pour pouvoir utiliser ces qualités créatrices au mieux, il semble nécessaire de disposer de certaines conditions favorables :

Un lieu à soi

Martin Miller décrit ainsi le cabinet de psychanalyste de sa mère Alice : « Je dirais aujourd'hui qu'on sentait à quel point elle s'y sentait bien et libérée ». Un espace réservé où l'on peut se retrouver seul est une nécessité pour de nombreux créateurs : l'écrivain Virginia Woolf a fait une description célèbre, dans son livre *Une chambre à soi*, de ce besoin d'un endroit où l'on ne sera pas interrompu, pour pouvoir s'adonner pleinement à la création. Il est évidemment très frustrant d'être dérangé en plein *flow* (c'est-à-dire un état de conscience dans lequel la personne se sent pleinement engagée dans l'activité, qui présente un niveau de challenge optimal, et où elle se sent libérée de toute contrainte de temps), surtout pour celles qui pratiquent une activité nécessitant une concentration intense. Pour les mères de famille, faire respecter ce besoin peut parfois relever du challenge !

Du temps pour soi

Il est courant pour les filles surdouées de passer beaucoup de temps seules, et d'apprécier cette solitude : cette disposition naturelle (ou acquise) est un atout pour s'adonner à une activité créative. Il peut être tentant pour certaines de s'isoler complètement pour s'adonner à leur passion : mais ce penchant est difficilement compatible avec la construction d'une vie de famille ou de couple équilibrée. Annabel Buffet, épouse du peintre Bernard Buffet, raconte dans son livre *Post Scriptum*[84] comment son mari passait de longues heures dans son atelier, avec interdiction formelle de le déranger, puis il se joignait à sa famille pour les repas : on peut se demander si une telle répartition des rôles serait possible pour une femme ! Néanmoins, cela n'a pas empêché Annabel d'écrire des livres très réussis. Anne Goscinny, quant à elle, épinglait un petit mot sur sa porte à l'intention de ses enfants pour qu'ils respectent son temps d'écriture. Cette solitude intense n'est pas une condition *sine qua non* pour toutes les femmes : mais pour certaines, selon l'activité choisie, ces « exils intérieurs » seront indispensables pour être productives. Or il peut être difficile de faire respecter ce besoin auprès de son entourage. Mary Rocamora, qui dirige une école à Los Angeles et conseille les individus surdoués, écrit : « Nous sommes programmés dès notre plus jeune âge pour faire ce qu'on attend de nous. Vous pouvez vous sentir piégé entre deux identités : votre self ordinaire, qui répond habituellement et sans se poser de questions aux attentes des autres, et votre self surdoué, qui a besoin de temps et de liberté pour se consacrer à vos talents »

Accepter son introversion

Les personnes créatives sont souvent introverties. Katleen Noble déclare à ce sujet : « [...] il est important qu'elles [les femmes surdouées] comprennent ce qu'est l'introversion, et que c'est un trait de caractère normal : elles puisent vraiment leur énergie dans leur solitude. Donc elles en ont besoin. C'est sain. En fait, ne pas respecter ce besoin de solitude met vraiment les femmes surdouées en danger de développer toutes sortes de problèmes, de la dépression aux troubles du comportement alimentaire, comme une façon d'essayer de créer assez d'espace personnel, peut-être tout à fait inconsciemment […] Donc si vous avez ce type de sensibilité, vous devez en être fière, et le respecter, et apprendre à choisir les énergies qui vous nourrissent, et à éviter celles qui vous épuisent. C'est une chose difficile[85]. »

C - Les avantages, les inconvénients

Le secret du bonheur ?

Selon Lewis Terman, les femmes créatives expérimentaient plus de bien-être et de joie de vivre que les autres femmes à l'âge de soixante ans. Et il est vrai que l'expression de sa créativité peut provoquer une joie immense. Voici par exemple ce que Martin Miller rapporte sur sa mère Alice : « L'écriture devint sa perspective d'existence ; elle lui permit de se libérer du conformisme de toute une vie ; elle pouvait enfin donner libre cours à ses pensées. […] je la découvris sous un tout autre jour : passionnée, ouverte, abordable, détendue. Elle se transformait radicalement, comme si elle se fondait presque dans ses pensées, comme si son corps et son esprit se rencontraient. Pour la première fois, je la sentais heureuse. » Il est également possible que le temps consacré à la création représente un havre de paix pour un individu hypersensible : ce moment privilégié pourrait constituer un compromis idéal entre le fait de vivre en société (hyperstimulation, stress, confrontation au « réel qui cloche », selon l'expression de Lacan) et le fait de rester seul (hypostimulation donc ennui et déprime). Tendu vers un but, le créateur contrôle tous les paramètres de son œuvre, ne voit pas le temps passer grâce à sa passion, et connaît ainsi un état de stimulation optimal.

Le sacrifice d'une vie de famille ?

Les femmes surdouées et créatives ont parfois des personnalités très paradoxales et fortes, ce qui n'est pas sans conséquences dans la vie courante. Ces femmes peuvent alors rencontrer des difficultés à mener une existence conventionnelle, et à avoir des enfants car leur éducation implique une vie cadrée et routinière, ce qui correspond parfois peu à leur tempérament. D'après James T. Webb, « les individus créatifs peuvent être particulièrement difficiles à vivre à cause de leur intensité et de leur obsession vers un but précis [...] Pendant ces moments-là, leur travail artistique ou leur recherche scientifique sont plus importants que tout le reste. » Un dilemme se présente alors : suivre les standards pour ne pas être isolé socialement et affectivement, ou mettre à jour ses talents - et rester seule. Certaines choisissent de sacrifier une éventuelle vie familiale- comme la scientifique Barbara MacClintock, Prix Nobel en 1983, qui développa très tôt une capacité à rester seule, ne se maria jamais et n'eut pas d'enfants.

Le choix crucial du conjoint

Dans son étude réalisée en 1975 sur des femmes surdouées, Birnbaum rapportait que leur niveau de satisfaction était corrélé à la présence d'un époux soutenant sur lequel la femme active pouvait compter pour un soutien émotionnel. Et il est évident que si votre conjoint ne supporte pas que vous soyez indisponible à certains moments pour vous consacrer à votre passion, des tensions vont immanquablement apparaître. La journaliste Oriana Fallaci faisait ce constat amer : « Alors que les hommes parviennent à s'isoler pour travailler parce que leurs épouses n'osent pas les déranger, les femmes n'y parviennent pas car les hommes les dérangent tout le temps. Que ce soit pour vous faire une caresse ou vous demander un café. Vous êtes là, en train d'écrire une chose difficile, et le voilà qui arrive pour vous demander un café, ou sous le prétexte de vous octroyer une petite pause. » Avec l'entrée massive des femmes dans le monde du travail, les choses ont heureusement, depuis, évolué favorablement.

Cependant, certaines femmes surdouées ne sont pas toujours conscientes de certains aspects de leur personnalité et de leurs besoins, surtout si elles sont créatives, car leur identité est beaucoup plus complexe. Elles ont plus de mal que les autres à savoir « qui elles sont », et ce qui leur est nécessaire pour s'épanouir. Cette méconnaissance de soi risque de s'appliquer à leur vie privée, d'entraîner des malentendus douloureux et des choix peu appropriés.

S'exprimer, envers et contre tout

Pour certaines, se consacrer à leur passion ne relève pas d'un choix mais d'une nécessité vitale. En 1993, le docteur en psychologie Linda Schierse Léonard a réalisé une étude intitulée « Meeting the Madwoman », dans laquelle elle a étudié la façon dont les femmes composent avec leur créativité. Elle avertit que si cette énergie n'est pas exprimée de façon saine, elle s'exprimera sous la forme de ce qu'elle appelle « folie ». On se rappellera l'exemple de la pianiste Hélène Grimaud qui se scarifiait, et souffrait de troubles obsessionnels compulsifs importants, jusqu'à ce que ses parents aient la bonne idée de la mettre devant un piano[86]. L'acte créatif est parfois un très bon régulateur des émotions : le trop-plein d'énergie et d'intensité de la femme surdouée trouve alors enfin où se diriger. Une forme atténuée de la bipolarité, la cyclothymie, qui pourrait concerner un grand nombre d'individus surdoués, est même favorable à l'activité créatrice quand elle est bien contrôlée, et qu'elle n'entraîne pas des souffrances déraisonnables.

Le poids de la culpabilité

Marylou Kelly Streznewski évoque dans son livre *Gifted Grownups : The Mixed Blessings of Extraordinary Potential*[87] le témoignage de deux femmes surdouées. L'une d'elles déclare : « J'essaye de me garder du temps libre, sans intrusion du travail ou des enfants. Puis je me sens coupable parce que je ne devrais pas penser uniquement à mes besoins, parce que mon mari et mes enfants ont des besoins, eux aussi ». Dans le deuxième témoignage, une femme peintre déclare qu'elle se sent aussi coupable, parce qu'une voix dans sa tête lui dit « C'est bien joli tout ça, mais tu aurais dû faire tes tableaux après avoir passé l'aspirateur ». Face aux multiples rôles qu'elles doivent assumer, certaines femmes se sentent écartelées, et perpétuellement en faute. Sally Reis confirme ce poids de la culpabilité : « La plupart des femmes étudiées ont compris que si elles développaient leurs propres talents, il y aurait un impact sur ceux qu'elles aiment. [...] La plupart luttent pour trouver le temps de faire leur propre travail et mettent souvent celui-ci de côté jusqu'à ce qu'elles aient rempli leurs obligations familiales. Par conséquent, elles ont souvent peu de temps disponible pour leur propre travail créatif. »

D - Portrait : Oriana Fallaci
(d'après « Oriana, une femme libre », de Cristina De Stefano, Albin Michel.)

« C'est l'être à la fois le plus simple et le plus compliqué que j'aie jamais rencontré, le plus ouvert et le plus mystérieux. » Sa sœur, Paola.

Oriana Fallaci naît le 29 septembre 1929 à Florence. Dès ses premiers mois, elle semble manifester une grande curiosité : « Tous les enfants pleurent. Toi, jamais. Toujours muette. Tu regardais sans cesse autour de toi, et tu nous fixais, sans un bruit. » C'est une enfant brillante et ambitieuse (ses rédactions remportent souvent des prix), mais aussi indisciplinée : « A l'école j'étais terrible ! Pauvres professeurs, je les ai fait beaucoup souffrir. […] Si un professeur se trompait, je ne savais pas tenir ma langue. »

Oriana se passionne très tôt pour la lecture. Enfant, elle est notamment fascinée par les écrits et la vie aventureuse de Jack London : « J'adorais son imagination, son intelligence, sa capacité à bourlinguer d'un sujet à l'autre […] qui lui permettait d'écrire sur tout, de la chasse à la politique, de la science-fiction à la sociologie ». Elle commence également à écrire très tôt : « J'ai retrouvé des cahiers remplis de nouvelles absurdes, de contes impossibles. Etais-je poussée à écrire par maman ? » Dès l'âge de cinq ou six ans, elle déclare vouloir devenir « un écrivain ». Mais arrivée au début de l'âge adulte, sa famille lui fait comprendre qu'il lui sera difficile d'en vivre : elle s'oriente donc vers des études de médecine après le bac. Avec un an d'avance, et étant l'une des rares filles, elle doit souvent supporter les moqueries de ses camarades : elle rentre alors tellement furieuse des cours que quelqu'un doit l'aider à se calmer ! Elle doit également financer elle-même ses études, car ses parents sont pauvres. Inspirée par l'exemple de son oncle Bruno Fallaci qui est un journaliste réputé, elle se présente alors au culot dans des rédactions, et réussit à se faire embaucher comme chroniqueuse régulière au *Mattino*. Mais cette double activité l'épuise : elle finit donc par abandonner la médecine et devient journaliste à plein temps. Son talent est vite repéré, notamment par Arrigo Benedetti, le directeur de *L'Europeo*, l'hebdomadaire italien le plus prestigieux de l'époque. A peine âgée de vingt ans, Oriana est déjà une perfectionniste : chacun de ses articles est réécrit des dizaines de fois. Elle lit énormément pour affiner son style, et étudie minutieusement chaque sujet avant de l'aborder. Elle fait également preuve d'une solide éthique professionnelle. Ainsi, quand son rédacteur en chef lui demande un papier méchant et amusant sur un personnage politique, elle lui rétorque : « J'irai d'abord écouter ce qu'il dit, et ensuite j'écrirai un papier sur ses propos. » Licenciée suite à ce refus, elle est ensuite embauchée par *L'Europeo* et part à Rome en 1954 où elle rédige des chroniques de spectacle et de mondanités. Originale, elle porte des pantalons, ce qui est peu courant à l'époque. Et son tempérament fougueux devient vite légendaire. Un collègue avec qui elle se querelle, Davide Lajolo, dira d'elle : « Elle est la vivacité incarnée. Une intelligence hors du commun, une capacité de travail dépassant celle de plusieurs hommes. […] Avec elle, on ne parle pas, on discute, on polémique […] Elle veut savoir ce que personne ne sait, les revers secrets, les non-dits, les faits révélateurs, et non pas l'emballage qui les enveloppe. »

Oriana est avide de nouvelles expériences : elle réussit à intégrer un voyage de presse qui inaugure la ligne aérienne Rome-Téhéran. Déterminée, et bien que le voyage soit très encadré, elle parvient à entrer dans une mosquée, et à se faire recevoir par l'impératrice Soraya. Son style narratif particulier est déjà présent : elle note chaque détail, analysant les personnages jusque dans leurs silences et leurs mimiques involontaires. Elle ne se contente pas d'aligner questions et réponses : chaque article est construit comme une histoire qui tient le lecteur en haleine, et elle n'hésite pas à se mettre en scène comme un personnage, avec un sens aiguisé de l'autopromotion... Elle déclare : « J'ai de l'instinct. Je sens vraiment les personnes que j'interviewe. J'imagine leurs sentiments. Par certains côtés, je suis un peu sorcière. » Elle a également une première expérience comme journaliste politique en 1956 lors de la révolution en Hongrie, qui signe la fin de son intérêt pour le monde des célébrités. Elle écrit, amère : « Que ceux qui sont encore capables d'apprécier les frivolités et d'ignorer l'agonie d'un peuple se rendent à Vienne et jettent un regard sur ce qui se passe ».

En 1957, Oriana a 28 ans, et elle ne peut toujours pas se consacrer aux sujets politiques comme elle le souhaiterait. Elle convainc donc son directeur de l'envoyer à Hollywood pour réaliser une série d'articles sur le milieu du cinéma. Pourtant, les mondanités l'ennuient, et elle porte un regard sans concessions sur ce microcosme. Elle observe tout, rien ne lui échappe : comment on fabrique une star, les techniques des grandes *columnists* américaines comme Hedda Hopper, le mode de vie des célébrités. Les articles qu'elle publie, regroupés sous une série intitulée « Hollywood par le trou de la serrure », connaissent un grand succès : elle en publie un recueil en 1958, « Les sept péchés d'Hollywood ». Ce premier livre marque un moment décisif dans sa vie : « Je n'oublierai jamais l'émotion que j'ai ressentie lorsque j'ai eu mon premier livre en main. C'était comme si j'avais mis au monde un enfant. Je me suis mise à trembler et j'ai couru aux toilettes pour pleurer. »

Parallèlement à ce succès, Oriana vit une première histoire d'amour, malheureuse, avec le journaliste Alfredo Pieroni. C'est une amoureuse passionnée : elle inonde son amant - indifférent - de lettres, le couvre de cadeaux. Elle qui se voulait libre ne rêve plus que d'une chose : se marier, et avoir des enfants. Mais l'histoire tourne mal : désespérée, Oriana tente de se suicider dans un hôtel, et fait une grave dépression. Après ce triste épisode, elle écrit avec un brin d'humour -noir- dans un guide dédié à l'art de vivre dans les hôtels : « Ne vous suicidez pas dans un hôtel : ça les énerve beaucoup. »

Pour tourner la page, elle part vivre à New York en 1963, et demande à écrire une série de reportages sur les astronautes américains qui tentent d'arriver sur la lune avant les Russes. Ce projet l'enthousiasme, et elle y travaille de façon méticuleuse : elle se documente longuement, regarde des vidéos de la Nasa. Elle veut également avoir une expérience sur le terrain : elle se fait conduire au sommet d'une fusée, et demande à porter une combinaison spatiale. L'un des astronautes, étonné de la voir célibataire, lui demande : « Tu ne t'ennuies pas, toute seule ? » Elle lui répond : « Je suis toujours seule, même quand je suis avec les gens ».

En 1967, Oriana part en reportage au Vietnam, elle devient reporter-correspondante de guerre à 38 ans. Elle a tout à apprendre, et n'hésite pas à aller au front pendant quelques jours. Là encore, elle fait preuve d'une curiosité sans limites : elle pose sans cesse des questions pour connaître les enjeux politiques, mais veut aussi partager les conditions de vie rudimentaires des soldats. C'est dans ces circonstances que sa personnalité paradoxale se révèle : Oriana, qui fait de la broderie, cuisine avec talent, et se vernit les ongles en toutes circonstances, n'hésite pas à embarquer dans un avion engagé dans les bombardements, demande à assister à l'immolation d'un bonze, et manque de se faire tuer à Mexico lors du soulèvement étudiant en 1968. Ses articles pour *l'Europeo* sont repris dans la presse internationale, mais ses prises de position sont critiquées : « J'ai été l'unique journaliste, je dis bien l'unique, à avoir écrit la vérité sur Hanoï. En 1969. Tous les autres qui y sont allés ont vu exactement ce que j'ai vu, mais ne l'ont pas écrit. Evidemment, on m'a lynchée à cause de ça. » Un collègue déclare : « Elle ne supportait pas les injustices, les abus. » Elle-même dira : « Le thème de la justice sociale […] est resté en moi comme une épine dans le cœur. Et j'éprouve une hostilité instinctive, voire du dégoût, pour ceux qui n'ont pas cette épine dans le cœur. »

Au Vietnam, elle est à nouveau amoureuse : il est français, s'appelle François Pelou, et il dirige l'Agence France-Presse locale. François est marié, mais Oriana croit en leur histoire : ils partagent le même amour et la même conception du métier, et elle l'admire. Avec lui, elle redevient docile et douce. Une collègue qui l'a bien connue témoigne : « Devant l'amour, Oriana rendait les armes, et se trouvait souvent anéantie. J'ai connu ses histoires et ses peines de cœur, et je n'ai jamais réussi à comprendre comment une femme aussi forte devant les puissants pouvait être aussi fragile en amour. » François l'admire : « Elle était différente, supérieure, elle voulait connaître, comprendre. » Oriana veut fonder un foyer avec lui, et elle espère qu'il finira par quitter sa femme avec qui il ne s'entend plus. Avec François, elle se montre aussi passionnée qu'avec Alfredo. Elle l'inonde de poèmes, et lui offre des cadeaux : « Une fois, elle est arrivée avec une Spider Mercedes et m'a dit : « Elle est à toi. » J'étais ébahi, je suis un homme d'un autre temps et les cadeaux, d'ordinaire, ce sont les hommes qui les offrent aux femmes et non le contraire. Mais en cela aussi, elle était originale, en dehors de tout schéma et de toute époque. Elle voulait montrer qu'hommes et femmes étaient égaux. » Mais François se consacre en priorité à sa famille, et malgré ses déclarations de femme libre et insoumise, Oriana se sent seule. Après lui avoir posé un ultimatum, elle le quitte et se venge en envoyant à sa femme les lettres d'amour qu'il lui a écrites. Il ne la reverra jamais. Toute sa vie, Oriana aura une attitude intransigeante dans ses relations : « Je ne sais pas pardonner. Ni pardonner, ni oublier. C'est une de mes grandes limites, peut-être, et la plus sombre. Et encore moins pardonner lorsqu'une blessure m'a été infligée par des personnes dont j'attendais de l'affection, de la tendresse, ou sur lesquelles je me faisais des illusions positives. Ce qui ne signifie pas, bien sûr, que je déclare la guerre ou que je reste en guerre avec ceux qui m'ont blessée, offensée. Cela signifie que je les liquide, je les efface de ma pensée. Il n'est pas d'homme ou de femme coupable envers moi qui n'ait fini dans la Sibérie de mes sentiments. »

Grâce à sa notoriété, Oriana est devenue le reporter numéro un de *l'Europeo*. C'est le début de ce que l'on appellera les *Fallaci interviews* : une nouvelle façon de parler de politique, plus amusante et impertinente. Elle envisage par exemple de demander au pape Jean-Paul II (qui refusera de la rencontrer) : « Pourquoi l'Eglise est-elle aussi obsédée par le sexe ? » Oriana couvre un grand nombre d'évènements et voyage dans le monde entier. Elle peut désormais choisir qui elle interviewe. Pourtant, elle se considère avant tout comme un écrivain : « Ce sont les interviews d'un écrivain, conçues avec l'imagination d'un écrivain, menées avec la sensibilité d'un écrivain. » La liste de ses interlocuteurs est impressionnante : Golda Meir, Indira Gandhi, Den Xiaoping, Kadhafi, le Chah d'Iran, Yasser Arafat…Elle fait preuve d'une franchise et d'une audace déroutantes. Ainsi, quand l'ayatollah Khomeiny lui déclare, pendant une interview, que le tchador n'est pas fait pour elle puisqu' « il est fait pour les femmes jeunes et honnêtes », elle répond, joignant le geste à la parole : « C'est très gentil, Imam ; je vais donc me débarrasser tout de suite de ce *stupide chiffon moyenâgeux*. Voilà. »

Son rapport à la maternité est complexe et ambigu. On sait qu'Oriana a fait au moins deux fausses couches. Elle est tiraillée entre son besoin de liberté, et son envie, très forte, d'être mère. Elle avoue, lucide : « J'ai compris, à ma grande honte, que ma soif de maternité est hautement théorique. » Mais c'est la même Oriana qui écrit : « J'aurais voulu un enfant, je me suis soignée pour en avoir, et toutes les fois que j'ai essayé, je l'ai perdu. » De cette maternité contrariée, Oriana crée en 1975 un roman, « Lettre à un enfant jamais né » : le livre se vend à 500 000 exemplaires en six mois, il est traduit dans vingt langues, et c'est un succès exceptionnel.

En 1977, sa mère Tosca décède : c'est un choc terrible pour Oriana, car elles étaient très liées. Cette perte provoque un bouleversement dans son existence : elle démissionne de *l'Europeo*, et décide de se consacrer entièrement à l'écriture. Quand elle écrit, elle s'enferme pendant de longues périodes : elle refuse toute interview sur des sujets d'actualité, et ses proches ont l'interdiction de lui parler du livre en cours. Voici comment elle décrit ses journées : « Je commence à travailler tôt le matin et je continue jusqu'à six ou sept heures du soir sans interruption, sans manger ni me reposer. Je fume plus que d'ordinaire, ce qui signifie environ cinquante cigarettes par jour. Je dors mal la nuit. Je ne vois personne. Je ne réponds pas au téléphone. Je ne vais nulle part. J'ignore les dimanches, les fêtes, Noël, le Nouvel An. » Elle retravaille sans cesse son texte : « […] je n'arrivais pas à m'arracher à ces épreuves, à les laisser en paix, je trouvais toujours quelque chose à corriger, à changer, à couper ou à ajouter. » Oriana est consciente de son exigence : « Je suis une perfectionniste. Une maniaque de la précision. J'ai toujours peur de me tromper, je ne suis jamais contente de ce que j'écris. » Rien n'échappe à son contrôle : la couverture du livre, la police utilisée, les traductions.

En 1991, elle sent une grosseur dans l'un de ses seins, mais reporte la visite chez le médecin à 1992, par peur de devoir arrêter de travailler. C'est un cancer : après avoir été opérée, toujours aussi curieuse, elle demande aux médecins de lui montrer sa tumeur, et se met à l'insulter ! C'est une période de grande solitude, avec laquelle elle entretient également une relation ambiguë : « Il faut savoir se résigner à son destin. Le mien est de vivre dans une solitude monstrueuse la dernière phase d'une existence que seuls les gens superficiels et mal informés peuvent définir comme heureuse », écrit-elle à son neveu Edoardo.

Oriana, en 1990, avait publié « Inchallah », roman prophétique dans lequel elle suggérait que l'islam radical sortirait de l'échiquier proche-oriental pour affronter l'occident dans une guerre beaucoup plus vaste. Elle déclare : « La prochaine guerre n'éclatera pas entre riches et pauvres : mais entre guelfes et gibelins, c'est-à-dire entre ceux qui mangent de la viande de porc et ceux qui n'en mangent pas, entre ceux qui boivent du vin et ceux qui n'en boivent pas, entre ceux qui marmonnent le Pater Noster et ceux qui bredouillent Allahu Akbar ! » Le 11 septembre 2001, lorsque les avions s'écrasent sur les Twin Towers, Oriana, choquée, donne une interview. L'article, virulent, est intitulé « La rage et l'orgueil », et critique la faiblesse de l'Europe face à l'Islam radical. Trois mois plus tard, l'article polémique devient un livre qui se vendra à 1 million d'exemplaires et sera traduit en seize langues. Menacée sur les sites islamiques, accusée d'incitation à la haine raciale, elle persiste par défi à publier sur le même thème, avec les ouvrages « La force de la raison », et « Entretiens avec moi-même - L'Apocalypse » (2004).

Accusée de toutes parts, elle rétorque : « Le risque de fascisme est mon idée fixe ». Oriana a une haute idée de son métier, et l'assume : « Etre journaliste signifie pour moi être désobéissant. Et être désobéissant signifie pour moi, entre autres, être dans l'opposition. Pour être dans l'opposition, il faut dire la vérité. Et la vérité est toujours le contraire de ce qui nous est dit. » Malgré le retour du cancer, cette femme qui, toute sa vie, aura placé le courage au-dessus de toutes les vertus, jette les forces qui lui restent dans l'écriture d'un grand roman familial qui restera inachevé, dans un dernier combat contre la maladie.

Elle décède à Florence en septembre 2004.

7.
Douance et maltraitance familiale

A - Hypothèses

La maltraitance familiale concernerait 10% des enfants : les surdoués sont tout autant susceptibles d'être concernés par ce phénomène que les autres enfants, y compris évidemment les filles surdouées. La maltraitance intra-familiale est la plus fréquente, et elle est aussi plus néfaste car elle se déroule souvent sur de longues périodes de temps, lorsque le corps et la personnalité de l'enfant sont en plein développement. Facteur aggravant, elle est infligée par les personnes dont l'enfant dépend, matériellement et affectivement.

Il est possible que les conséquences de la maltraitance soient plus importantes chez certains enfants surdoués : Douglas Elby et Mary Rocamora estiment que « bien sûr, le manque de respect et la perte d'estime de soi ne sont pas spécifiques à une culture ou à un groupe en particulier, mais ils peuvent être particulièrement destructeurs pour les surdoués, qui sont souvent hypersensibles et particulièrement vulnérables. »

Les filles cherchent plus à s'adapter que les garçons, et elles sont plus concernées par les relations interpersonnelles, ce qui les rend probablement plus vulnérables : dans une situation de maltraitance, extra ou intra familiale, il est donc possible qu'elles soient plus affectées, qu'elles soient moins facilement repérées car elles exprimeront leur mal-être de façon plus discrète, et qu'elles élaborent moins de comportements de défense « active ». Arielle Adda indique que « leur volonté de conserver des relations harmonieuses avec leur entourage retarde le moment où elles doivent se rebeller ». Il a également été établi que les femmes étaient plus souvent victimes de stress post-traumatique que les hommes suite à des maltraitances : 10% pour les femmes contre 4% pour les hommes (source : National Center for PTSD, U.S Department of Veterans Affairs).

Les personnes surdouées, du fait de leur différence, pourraient avoir plus de risques d'être victimes de maltraitances psychologiques au cours de leur existence. Le harcèlement peut se manifester dès la cour d'école, et/ou au travail plus tard. Le harcèlement scolaire, nous le savons, concerne souvent les premiers de la classe, et se faire traiter d'« intello » relève aujourd'hui plus de l'insulte que du compliment. Nous avons vu également que les dons du surdoué lui valaient bien des jalousies dans le monde du travail. Je n'évoquerai pas ici ces deux cas de figure, car ils ont été abordés avec talent par Arielle Adda, Monique de Kermadec, Nadine Kirchgessner et Christel Petitcollin dans leurs ouvrages respectifs. En revanche, on pourrait envisager ce qui est valable dans la cour d'école et dans le monde du travail pourrait s'appliquer également au sein de la cellule familiale : l'enfant doué pourrait parfois être la cible privilégiée du harcèlement dans sa famille, que cette maltraitance soit le fait de la fratrie ou des parents, parce qu'il est « trop » turbulent, « trop » paresseux, « trop » rebelle, « trop » brillant…

B - Plus, ou moins résilients ?

On dispose de peu d'études, et elles concernent surtout des étudiants surdoués confrontés à des difficultés socio-économiques ou à un harcèlement scolaire. Nous pouvons cependant émettre quelques hypothèses :

<u>Aspects positifs</u> :

Résistance

La douance pourrait permettre d'être mieux armé pour se reconstruire : un quotient intellectuel élevé permet généralement d'obtenir un meilleur statut économique et social, facteurs importants pour l'estime de soi et la sécurité. Et on peut envisager que les capacités intellectuelles peuvent aider l'individu à résoudre les problèmes qui se présentent à lui. Garmezy et Tellegen[88] ont montré que l'intelligence représentait un facteur de protection majeur chez les individus confrontés à de l'adversité ou à des évènements stressants d'intensité variable. Car la résilience dépend de qualités comme l'intelligence, le courage, l'indépendance, la sensibilité, la curiosité, la capacité d'introspection, le sens de l'humour, et la persistance face aux difficultés : qualités que l'individu surdoué possède souvent. Arielle Adda, qui a surtout affaire à des individus en souffrance par le biais de son métier de psychologue, semble demeurer optimiste : « Mais il subsiste toujours un noyau de résistance qui permet de se relever, en dépit des blessures et des cicatrices. Meurtris, désenchantés, pitoyables parfois, les individus doués conservent envers et contre tout leurs incomparables qualités d'esprit et de cœur, et, surtout, un goût pour la liberté qui donne tous les courages. Un butin sur lequel le plus habile et le plus sournois des tortionnaires ne mettra jamais la main[89] ».

Créativité

Mihaly Csikszentmihalyi, dans un article intitulé « Family influences on the development of giftedness », mentionne également que l'on retrouve chez les individus créatifs, de façon disproportionnée, les deux expériences extrêmes en matière d'éducation : soit optimales, soit traumatisantes. Certains surdoués malmenés par l'existence pourraient donc réussir à transformer l'adversité en production créative. On sait également que les enfants maltraités, comme les enfants surdoués, rencontrent souvent des difficultés relationnelles : mais une bonne adaptation sociale n'est pas nécessairement un prédicteur d'éminence. Barbara Kerr a montré que même si de nombreuses femmes éminentes avaient eu des adolescences malheureuses, elles avaient été capables de surmonter les sentiments de rejet et la solitude en développant une forte indépendance, et en se consacrant à leurs passions. La solitude induite par la maltraitance (et potentiellement majorée par la douance) pourrait donc conduire l'individu à surinvestir un domaine, et éventuellement à développer un talent exceptionnel.

Aspects négatifs :

Lors d'une interview réalisée en 1975 par Jacques Chancel, le biologiste Rémy Chauvin déclarait : « On ne compte pas la quantité énorme de surdoués qui ont dû être tués par un environnement adverse » : il serait en effet intéressant de connaître le taux de suicide chez les personnes surdouées.

Nous avons vu précédemment qu'il était possible que les individus surdoués soient surreprésentés en consultation psychiatrique. Une des causes de cette fragilité pourrait trouver son origine dans l'hyperesthésie qui caractérise l'individu surdoué : par exemple, dans une famille toxique, si les parents criaient violemment, les hurlements peuvent avoir eu plus de conséquences sur son système nerveux. A cause de sa vive imagination, il pourra avoir tendance à envisager des issues catastrophiques aux colères du parent (sensation de mort imminente). S'il est maltraité psychologiquement, il souffrira sans doute plus qu'un autre d'avoir été humilié. Enfin, il semblerait que certains enfants surdoués détestent particulièrement l'imprévu : face à un parent maltraitant au comportement imprévisible, ils seront en très grande souffrance.

Une courte étude de Letitia de Jong sur 8 individus surdoués et victimes de stress post-traumatique semble aller dans le sens de ces hypothèses : « Certains [des participants] pensaient que la douance avait renforcé les effets à long terme du traumatisme […] La vulnérabilité face au traumatisme semblait avoir été exacerbée par l'hyper sensibilité, une caractéristique courante chez les individus surdoués. » Ces participants soulignaient d'ailleurs que le fait d'avoir un thérapeute lui-même surdoué, ou informé sur la question, était un avantage certain. Et certains indiquèrent qu'ils rencontraient des difficultés en thérapie, à cause de leur grande rationalité, alors qu'il est particulièrement important dans le traitement d'un stress post-traumatique d'être en contact avec ses émotions. Cependant, ces résultats demandent à être confirmés sur des cohortes d'individus plus importantes.

Les difficultés relationnelles pourraient également jouer un rôle : en effet, un quotient intellectuel supérieur peut isoler l'enfant de ses semblables, surtout si son environnement familial ne l'accompagne pas dans la découverte de la socialisation. Or de nombreuses études attestent du rôle positif des liens relationnels dans le processus de résilience[90].

Il pourrait également être plus difficile pour certains de reconstituer une image cohérente d'eux-mêmes. Leur tableau clinique sera compliqué car constitué d'une superposition de pathologies, qui pourront être attribuées exclusivement au champ psychiatrique. Or les manifestations de la douance et des conséquences de la maltraitance sont parfois très proches. Avec malheureusement comme résultat un retard dans l'évaluation de la douance, alors que cet élément pourrait sans doute jouer un rôle extrêmement important dans la reconstruction d'une image positive de soi-même. Parmi les manifestations de la douance et de la maltraitance qui peuvent se ressembler, on peut noter :

- Une cyclothymie, des épisodes dépressifs
- Des troubles du comportement alimentaire
- Une hypersensibilité (notamment à l'injustice), hyperempathie
- Des difficultés d'endormissement
- Un sentiment de différence et de solitude
- Un tdah
- Un besoin de stimulation supérieur à la norme

Le Docteur David Servan Schreiber expliquait dans son livre « Guérir » que « les désordres émotionnels sont la conséquence de dysfonctionnements de ce cerveau émotionnel. Pour beaucoup, ces dysfonctionnements ont pour origine des expériences douloureuses vécues dans le passé [...] C'est aussi cela qui explique le tempérament "trop sensible" de gens ayant subi des abus physiques, sexuels ou même simplement émotionnels.[91] » Dès lors, comment savoir si cette hypersensibilité provient d'un surdon, ou des maltraitances subies ? Et dans quelle mesure un individu à l'égo déjà fragilisé par les maltraitances pourra-t-il prendre le risque de se confronter à un test de QI ?

Il sera donc probablement plus difficile pour l'individu surdoué et maltraité de découvrir sa douance : pour les raisons précédemment citées, mais aussi parce que le parent maltraitant, à force d'humiliations, aura pu réussir à détourner l'enfant de dons réels qui auraient pu l'aider à se découvrir. Le psychologue Jean-Charles Terrassier a décrit cet « effet pygmalion négatif » qui entrerait en action lorsque les capacités de l'enfant ne sont pas reconnues. Il déclare : « Dans la mesure où l'enfant élabore une représentation de Soi en partie en se fondant sur l'image de lui-même que lui renvoie un environnement inapte à identifier ses possibilités, il lui sera très difficile de se découvrir et de s'assumer précoce ». On peut dès lors imaginer que cet effet sera largement amplifié par une éducation maltraitante, qui non seulement ne reconnaît pas les talents de l'enfant, mais *sanctionne parfois même l'expression de ces dons* (hyperactivité, curiosité...).

C - Le cas du parent pervers narcissique

L'étude de la perversion dans le cadre de la douance est quasiment absente dans la littérature : or la personnalité du surdoué, son côté intense et extrême, peut s'exprimer pour le meilleur, comme pour le pire.

Qui est-il ?

Le concept de pervers narcissique a été initié par le psychanalyste P.-C. Racamier. Il caractérise un individu qui cherche de façon volontaire à démolir moralement un autre individu, et qui en tire une jouissance. Pour ce faire, le pervers narcissique utilise toute une série de manœuvres, parfaitement décrites par la psychiatre Marie-France Hirigoyen dans son livre sur le harcèlement moral[92]. Les cas de maltraitance peuvent être le fait du père, mais aussi de la mère. Et très souvent, le parent pervers prend comme cible privilégiée l'enfant qui est du même sexe que lui, comme si un mécanisme de projection s'établissait.

Une notion négligée : l'intentionnalité

La question de l'intentionnalité est centrale dans le cas du pervers narcissique. Comme l'explique le psychologue Yves-Hiram Haesevoets : « Il existe une gradation dans la sévérité des attitudes constatées. Cette sévérité repose principalement sur une combinaison graduée d'intentionnalité et de nuisibilité[93] ». L'enfant victime d'un parent pervers subira donc une maltraitance très importante, dans un contexte où elle n'aura aucune chance d'être dénoncée, puisque le pervers excelle dans l'art de présenter une façade sociale parfaite. La société a déjà du mal à accepter l'idée d'un parent n'aimant pas son enfant : l'idée d'un parent *qui nuirait volontairement* au développement de celui-ci, en possédant des moyens intellectuels normaux voire supérieurs à la norme, est encore plus inenvisageable. Ce déni de la société a un effet dévastateur sur l'individu qui n'a alors aucun modèle de référence auquel se raccrocher, sauf par le biais de la littérature et du cinéma (avec le livre « Vipère au poing » d'Hervé Bazin par exemple).

Pourquoi l'enfant surdoué pourrait-il être plus affecté qu'un autre enfant ?

Un parent pervers potentiellement surdoué

Si l'enfant est doué ou surdoué, *il est fort probable que son parent le soit aussi*, puisque la douance est en grande partie héréditaire. Ce point est capital, car le parent pervers narcissique surdoué sera d'une ingéniosité sans égale, et pourra maltraiter son enfant dans une plus grande impunité. Par exemple, en cas de maltraitance physique, il fera en sorte de frapper l'enfant sur des endroits du corps qui sont cachés par les vêtements. Il maintiendra une image parfaite auprès du voisinage, privant l'enfant de soutiens éventuels. Le parent pervers, même s'il est impulsif, est parfaitement conscient de la loi, de la limite à ne pas franchir. Il choisit sciemment de déverser sa violence sur son enfant « d'élection », qu'il utilise comme un fusible. Cet enfant devient le défouloir de son parent ; avec la grande sensibilité qui est la sienne, il *voit* le plaisir, la jouissance que le parent ressent lorsqu'il lui fait du mal, sans pouvoir encore « mentaliser » ce qu'il vit. Et le parent pervers, grâce à son intelligence et à son intuition, connaît très bien les failles de son enfant. Lorsqu'il lui fait une réflexion humiliante, il atteint sa cible au cœur, et va critiquer l'enfant avec une précision redoutable et destructrice, appuyant inlassablement sur ses points faibles.

Un grand besoin de cohérence, de logique et de justice

Ces besoins sont souvent présents chez l'enfant surdoué : une étude menée par le neuropsychologue Jean Decerty de l'université de Chicago a d'ailleurs démontré que le sens de la justice est guidé par la raison, et non par l'émotion (Adda et Brunel, 2015). Or une des caractéristiques du pervers est d'utiliser une communication et des comportements paradoxaux, incohérents, visant à déstabiliser : l'enfant surdoué, épris d'ordre et de logique, sera particulièrement perturbé par *ce qui n'a pas de sens*. Le parent pervers va multiplier les actes et les paroles contradictoires, laissant l'enfant totalement désorienté face à ses agissements. Le psychiatre Harold Searles a décrit ce mécanisme de communication paradoxale dans son livre *L'effort pour rendre l'autre fou*[94] : il y cite l'exemple d'une mère qui disait « je t'aime » à son enfant, tout en affichant des mimiques faciales de dégoût. Ce type de comportement peut même parfois entraîner une schizophrénie chez l'enfant. De même pour le besoin de justice et de cohérence : le parent maltraitant a un comportement imprévisible, irrationnel. Il peut infliger des châtiments disproportionnés au regard de la faute commise, puis un autre jour décider d'être particulièrement clément. L'enfant se sent totalement à la merci d'un dieu capricieux et irrationnel : plus rien n'est sûr, ni n'a de sens dans ce qui lui arrive.

Un bonheur insupportable

Si le thème de la douance a été popularisé depuis les années 2000, il y a eu des générations de surdoués « sacrifiés », c'est-à-dire non détectés. Si le parent pervers n'a pas été détecté, et donc ne s'est pas réalisé dans la vie comme il l'aurait souhaité, la vue des dons de son enfant peut lui devenir intolérable. Comme l'explique très bien Marie-France Hirigoyen, le moteur de la perversion est principalement l'*envie* : le parent pervers voit les possibilités de l'enfant, qu'il n'a pas pu réaliser, et cette vision lui est insupportable. Envie devant un enfant qui a encore sa vie devant lui, pour qui tout est encore possible, et qui surpasse peut-être son parent en qualités et en dons. Le parent cherchera alors à le détruire, comme lui-même a été détruit autrefois par des circonstances externes. L'enfant le plus doué sera alors probablement son souffre-douleur principal s'il y a une fratrie.

Un mécanisme d'emprise qui peut être plus fort qu'avec un parent d'intelligence moyenne ou inférieure

Car devant un parent très brillant, dont les analyses ont parfois un côté visionnaire, l'enfant surdoué peut être piégé par l'admiration d'une intelligence qu'il retrouve rarement dans son environnement immédiat (les surdoués représentant seulement 2,3 % de la population).

Un perfectionnisme maladif

Si le parent pervers est surdoué, il pourra être, tout comme l'enfant, sujet au perfectionnisme. Perfectionnisme intenable qu'il infligera à l'enfant, mais aussi perfectionnisme de l'enfant envers lui-même pour être aimé par le parent, ce qui le conduira à étouffer complètement sa véritable personnalité au profit d'un faux self, et à s'auto-punir à la moindre erreur.

Un enfant plus vulnérable à la sidération ?

La sidération est définie comme un « anéantissement subit des forces vitales, se traduisant par un arrêt de la respiration et un état de mort apparente. » Sans aller jusqu'à un état de mort apparente (il existe différents degrés de sidération), la sidération fige l'individu, suspend le temps, et bloque ses capacités à analyser une situation sous la violence du choc. Provoquer la sidération par des actes incohérents et imprévisibles est le mode d'action favori du pervers. L'enfant surdoué, qui a un besoin vital de logique et de sens, ne peut pas décrypter ce qui lui arrive, donner un sens à cette alternance de chaud et froid. On peut même envisager que l'enfant surdoué puisse être plus vulnérable face à ce mécanisme de sidération, car les actes du pervers *submergent* son besoin de logique et de compréhension. Cet arrêt de la mentalisation, provoqué volontairement par le pervers, aura des effets dévastateurs : car si l'enfant surdoué est souvent plus sensible que les autres (et donc risque de vivre plus intensément les maltraitances psychologiques), ce sont précisément ses qualités de mentalisation qui auraient pu constituer un facteur protecteur et contrebalancer son extrême sensibilité. Et son idéalisme pourra l'empêchera de prendre conscience de la situation qu'il vit : comment, en effet, envisager que son parent *veuille* le détruire ?

L'appétence relationnelle plus importante des filles

Les filles surdouées sont souvent dotées d'une empathie, d'un idéalisme et d'un besoin de réparer extrêmes. Besoins qui malheureusement vont être utilisés par le parent pervers pour satisfaire ses propres besoins : la fillette servira de « dame de compagnie », de psychologue, de défouloir, de calmant, de confident, alors que comme tout enfant, elle devrait pouvoir vivre ces années formatrices en toute insouciance, sans devoir assumer des responsabilités qui ne lui incombent pas. Elle n'aura pas le droit de développer sa propre personnalité : toute tentative d'autonomisation sera sévèrement réprimée. Très isolée, elle se raccrochera à ce parent qui en fera *sa chose*, sans aucune considération pour ses propres besoins.

Perversité et hyperesthésie

Christel Petitcollin évoque avec talent, dans son livre *Je pense trop : comment canaliser son mental envahissant*, la façon dont les pervers narcissiques jouent avec l'hyperesthésie de leur victime : « Il est effectivement plus facile de saturer l'espace sensoriel d'un hyperesthésique ayant un déficit d'inhibition latente […] Ils savent provoquer une dispute juste avant d'aller au lit, pour activer les ruminations arborescentes de leur surefficient et empêcher l'endormissement. Ils soupirent et se retournent nerveusement dans le lit, ronflent, rallument la lumière sous n'importe quel prétexte, claquent les portes… (Si si, ils le font exprès !) Avec son amygdale trop sensible, le surefficient est réveillé en sursaut et a de grandes difficultés à se rendormir[95]. » Soulignons la ressemblance troublante de ces procédés avec certaines techniques de torture : perturbation du sommeil, imposition brutale et imprévisible de lumières vives, ou de bruits ayant pour but de provoquer la terreur et la sidération.

L'hyperempathie et la revictimisation

Selon le Docteur Apfeldorfer, l'hyperempathie se développe surtout chez les enfants ayant eu des parents peu empathiques : « Sa mère ne s'identifiant pas à lui, ce sera lui qui s'identifiera à sa mère. Ainsi, il est logique que des parents peu empathiques aient des enfants hyperempathiques […] L'enfant tente désespérément d'établir un lien empathique, de percer le mur qui les sépare. Cet effort perpétuel le détourne de lui-même, l'empêche de se constituer en individu autonome en le centrant définitivement sur l'extérieur. »

Les conséquences désastreuses d'une telle enfance risqueront de se faire sentir tout au long de la vie de l'individu, et particulièrement chez la femme surdouée : entièrement tournée vers autrui, elle sacrifiera ses propres besoins au profit de son entourage, voire de prédateurs qui, avec leur flair incroyable, détecteront immédiatement cette proie facile et pleine de ressources. Arielle Adda a été la première à décrire cette vulnérabilité des individus à haut potentiel face aux pervers narcissiques : la femme surdouée qui a grandi dans une famille toxique, inconsciente de ses dons et de ses désirs, risque fort de rencontrer de grandes difficultés à s'accomplir.

Mais gageons qu'elle y parviendra, malgré ces vents contraires.

Conclusion

« Mon histoire commence le jour où j'ai décidé de ne plus vivre ma vie comme on remonte un escalator qui descend », a écrit l'auteur belge Pascal de Duve : de nombreuses femmes surdouées pourraient sans doute se reconnaître dans cette phrase ! La connaissance de soi est un processus long, surtout quand on a une personnalité ou une histoire personnelle plus complexes que la norme. Pour certaines, dont les particularités ont été accueillies favorablement dans l'enfance, la route sera plus douce. Les moins chanceuses apprendront par essai-erreur, gagnant au passage quelques écorchures.

Les femmes surdouées font partie d'une minorité : et certaines souffriront de ne pas correspondre au modèle dominant. Androgynie, intensité, passion : autant de traits qui peuvent les différencier, les séparer du mouvement général. Et dans notre société particulièrement normative, accepter sa singularité relève parfois du défi.

Pourtant, c'est l'expression de cette « petite voix intérieure » qui permet de se sentir enfin en accord avec soi-même, et, parfois, de créer un pont entre le monde et soi. Pour cela, il faut prendre un risque : celui de s'écouter, enfin. Et de continuer son chemin, coûte que coûte, avec en mémoire cette phrase de Nietzsche : « la liberté, c'est de ne plus rougir de soi. »

Notes

1- Daniel Goleman, *L'intelligence émotionnelle, accepter ses émotions pour développer une intelligence nouvelle*, J'ai Lu, 2003.
2- Wilfried Lignier, *La petite noblesse de l'intelligence*, Editions La découverte, 2012.
3- Aaron Coriat, *Les enfants surdoués : approche psychodynamique et théorique*, Paris : Païdos, Le Centurion, 1987.
4- Stapf, A. (2003) *Hochbegabte Kinder* [Highly gifted children]. München : C.H. Beck.
5- Silverman, L., (1986) *What happens to the gifted girl ?* In C.J. Maker (Ed.), Defensible Programs for the Gifted (pp.43-89). Rockville, MD ; Aspen.
6- Barbara Kerr, *Smart girls, gifted women*. Colombus, Great Potential Press, 1985.
7- « Google, tell me. Is my son a genius ? », New York Times, 18 janvier 2014.
8- Chloé Persod, *Mais où sont les petites filles précoces ?* Intervention au 1er Congrès de Psychologie- Recherche- Neurosciences, Lyon- Juillet 2010, « Valoriser tous les potentiels ».
9- Wieczerkowski, W. & Prado, T. M (1990). *Girls and boys in a counseling center for gifted questions. Results, observation, experiences.* In *Hochbegabte Mädchen*. Bad Honnef : Karl Heinrich Bock.
10- Kramer, L.R. (1991). *The social construction of ability perceptions : an ethnographic study of gifted adolescent girls.* Journal of early adolescence, 11(3), 3-18.
11- Seigle D. & Reis, S.M. (1998). *Gender differences in teacher and student perceptions of students' ability and effort.* Gifted Child Quaterly, 42(1), 39-47.

12- Sadker, M. & Sadker, D. (1994). *Failing at fairness : How America's schools cheat girls*, Touchstone.
13- Doris Perrodin-Carlen, *Et si elle était surdouée ? Un guide pour sensibiliser les enseignants, les parents et les autorités scolaires*, Editions SZH/CSPS, Berne, 2007.
14- David C. Geary, *Male, female : The Evolution of Sex Differences*, American Psychological Association, 2009.
15- Marie Duru-Bellat, Annick Kieffer et Catherine Marry, « *La dynamique des scolarités des filles : le double handicap questionné* », Revue française de sociologie, vol 42, n°2, 2001.
16- Sally Reis, *Internal barriers, personal issues, and decisions faced by gifted and talented females*, (2002).
17- Barbara A. Kerr, *Smart Girls : a new psychology of girls, women and giftedness*, Revised Edition, (1995), Great Potential Press.
18- Horner, M.S. (1972). *Toward an understanding of achievement-related conflicts in women.* Journal of Social Issues, 28(2), 157-175.
19- Barbara Kerr, Robin McKay, *Smart girls in the 21st Century. Understanding Talented Girls and Women*, Great Potentiel Press, 2014.
20- Bell, 1989 ; Kramer, 1991 ; Reis, 1987, 1995.
21- Anne Lauvergeon, *La femme qui résiste*, Plon, 2013.
22- Kerr, B. A., Colangelo, N. & Gaeth, J. (1988). *Gifted adolescents' attitudes toward their giftedness. Gifted Child Quarterly, 32,* 245-247.
23- Colette Dowling (1981). *The Cinderella Complex : Women's Hidden Fear of Independence.* Simon & Schuster.
24- Clance, P.R. & Imes, S.A. (1978). *The imposter phenomenon in high achieving women : dynamics and therapeutic intervention.* Psychotherapy : Theory, Research and Practice 15(3) : 241–247.
25- Kline, A. G. & Zehms, D. (1996). *Self-concept and gifted girls : A crosssectional study of intellectually gifted females in grades 3, 5, 8.* Roeper Review, 19, 30–34.
26- Schuler, 2000 ; Orange, 1997.
27- Stoeber, J. & Otto, K. (2006). *Positive conceptions of perfectionism : approaches, evidence, challenges.* Personality and Social Psychology Review, 10, 295-319.
28- Nadine Kirchgessner, *Des femmes surdouées*, Editions du Net, 2014.
29- Zoa Rockenstein, *Addressing the leadership gap : preparing gifted women to take their rightful places on the world stage.*

30- Interview de Nicolas Gauthier et David L'Épée dans la revue *Elements*.
31- Laurent Obertone, *La France Big Brother*, Editions Ring, 2014.
32- Buescher, T.M. Olszewski, P. & Higham, S.J (1987). *Influences on strategies adolescents use to copy with their own recognized talents*.
33- Kathleen Noble, *The Sound of a Silver Horn : Reclaiming the Heroism in Contemporary Women's Lives*, Fawcett, 1994.
34- Coleman, L.J. & Cross, T.J. (2000) : *Social-Emotionnal Development and Personal Experience of Giftedness*. In K.A. Heller et al. (Eds.), International Handbook of Giftedness and Talent (2nd Edition). Oxford : Editions Pergamon/Elsevier.
35- Winner, E. (1997). *Surdoués. Mythes et Réalités* (Traduit de Gifted Children. Myths and Realities, 1996). Paris : Editions Aubier.
36- Frederickson, R.H. (1986). *Preparing gifted and talented students for the world of work*. Journal of counseling & Development, 64, 556-557.
37- Gérard Apfeldorfer, *Je mange donc je suis. Surpoids et troubles du comportement alimentaire*. Payot, 1991.
38- Monique de Kermadec, *L'adulte surdoué à la conquête du bonheur. Rompre avec la souffrance*. Albin Michel, 2016.
39- Tiana, *Je suis un zèbre*, Payot, 2015.
40- Weisse, D.E. (1990). *Gifted adolescents and suicide*. School Counselor, 37, 351-359.
41- Reis, S.M. & Callahan, C. M. (1989). *Gifted females : They've come a long way- or have they ?* Journal of the Education of the Gifted, 12, 99-117.
42- Johnson, L. (1993). *Thoughts on giftedness. Understanding Our Gifted*, 5(5A), p. 15.
43- Karpinski, R., Kinase Kolb A., Tetreault N., Borowski T. (2018), *High intelligence : a risk factor for psychological and physiological overexcitabilities*, Science Direct.
44- James T. Webb, Edward R. Amend, Nadia E. Webb, Je Goerss, *Misdiagnosis and dual diagnoses of gifted children and adults, ADHD, Bipolar, Ocd, Asperger's, Depression, and Other Disorders*. Great Potential Press, 2005.
45- Joy L. Navan, *Nurturing the gifted female : a guide for educators and parents*, Corwin Press Inc (12 août 2008).
46- Josef Schovanec, *Je suis à l'est,* Pocket, 2013.
47- Agatha Christie, *Une autobiographie*, Editions Du Masque, 2006.
48- Temple Grandin, *Ma vie d'autiste*, Odile Jacob, 2000.

49- Alice Miller, *Le drame de l'enfant doué*, Presses Universitaires de France, Paris, 1983.
50- Simner, M. L. (1971). Newborn's response to the cry of another infant. *Developmental Psychology*, 5(1), 136-150.
51- Lashaway-Bokina, N. (1996). *Gifted, but gone : High ability, Mexican-American, female dropouts.* Unpublished doctoral dissertation, University of Connecticut, Storrs.
52- Céline Raphaël, *La démesure*, le Livre de Poche, 2015.
53- Interview avec le magazine en ligne Slate, 2013.
54- Diane Tickton Schuster, *The interdependent mental stance : a study of gifted women at midlife,* Ph. D. Claremont Graduate School, 1986.
55- Carole Holahan et Robert Sears, *The Gifted Group in Later Maturity*, Stanford University Press ; 1st edition (June 1, 1995).
56- Stéphane Demilly et Lionel Vuillemin, *Manager avec l'approche Herrmann : l'art de conjuguer les intelligences individuelles*, Eyrolles, 2014 (2e édition).
57- Martin Miller, *Le vrai « drame de l'enfant doué », la tragédie d'Alice Miller*, PUF, 2014.
58- Cristina de Stefano, *Oriana, une femme libre*, Albin Michel, 2015.
59- Philippe Jaenada, *La Petite Femelle*, Editions Julliard, 2015.
60- Satoshi Kanazawa, *The intelligence paradox : why the intelligent choice is not always the smart one*, Wiley, 2012.
61- Sophie Côte, Ladislas Kiss, *L'épanouissement de l'enfant doué*, Albin Michel, 2009.
62- Manczak, E. M., DeLongis, A. & Chen, E. (2015, September 7). *Does Empathy Have a Cost ? Diverging Psychological and Physiological Effects Within Families.* Health Psychology. Advance online publication.
63- Linda Lê, *A l'enfant que je n'aurai pas*, NIL, 2011.
64- Corinne Maier, *No Kid : quarante raisons de ne pas avoir d'enfants*, J'ai Lu, 2008.
65- Birnbaum, J.A. (1975). *Life patterns and self-esteem in gifted family-oriented and career-committed women.* In M. Mednick, S. Tangri, §L.W. Hoffman (Eds), *Women and achievement: Social and motivational analysis* (pp.396-419). New York : Hemispher-Halstead.
66- Jeanne Siaud Facchin, *Mais QI sont vraiment ces enfants surdoués*, Paris, 2014.
67- Fisher, Tamara, *Multipotentiality - Unwrapping the Gifted*, Education Week Teacher, 2013.

68- Arielle Adda, Thierry Brunel. *Adultes sensibles et doués : trouver sa place au travail et s'épanouir*. Odile Jacob, 2015.
69- Monique de Kermadec, *L'adulte surdoué, apprendre à faire simple quand on est compliqué*, Albin Michel, 2011.
70- Wolleat, P. L. (1979). Guiding the career development of gifted females. In N. Colangelo & R. T. Zaffrann (Eds.), *New Voices in Counseling the Gifted* (pp. 331-380). Dubuque, IA : Kendall Hunt Publishing.
71- Paula Caplan, interview par Douglas Elby.
72- Noks Nauta, *Gifted workers : hitting the target*, BigBusinessPublishers (April 7, 2016).
73- Olivier Ameisen, *Le dernier verre*, Denoël, 2008.
74- Georg Stöckli, *Eltern, Kinder und das andere Geschlecht : selbstwerdung in sizialen Beziehungen*. Beltz Juventa, 1997.
75- Aude Villatte, Myriam de Léonardis et Yves Prêteur, *Le concept de soi des lycéen(ne)s à haut potentiel, Perspective comparative filles / garçons*. Recherches & Educations, 2, 2009, p. 201-226.
76- Luftig, R., Nichols, M (1991). *An assessment of the social status and perceived personality and school traits of gifted students by their non-gifted pers*. Roeper Review, 13, 148-153.
77- Stamm, M. (2003). FLR 2003. *Acht Jahre nach der Einschulung : Pubertät und Adoleszenz*. Aarau : Institut für Bildungs- und Forschungsfragen.
78- Alice Rowe, *Where have all the smart women gone ?* Smart people book, 2001.
79- Hollinger, C. L. (1991), *Facilitating the career development of gifted young women*, Roeper Review, 13, 135-139.
80- Schmitz, Conne, and Judy Galbraith, *Managing the Social and Emotional Needs of the Gifted*, Minneapolis, MN : Free Spirit, 1985.
81- Csikszentmihalyi, M., *La créativité : psychologie de la découverte et de l'invention*, Robert Laffont, 2006.
82- Gardner, H., *Les formes de la créativité*, Odile Jacob, 2001.
83- Simonton, D.K., *Greatness : who makes History and why*, New York, Guilford, 1994.
84- Annabel Buffet, *Post Scriptum*, Plon, 2001.
85- Katleen Noble, interview de Douglas Elby pour Talent Development Resources
86- Hélène Grimaud, *Variations sauvages*, Pocket, 2004.
87- Marylou Kelly Streznewski, *Gifted Grownups : The Mixed Blessings of Extraordinary Potential*, Wiley, 1999.
88- Garmezy, N. & Tellegen, A. (1984). *Studies of stress-resistant children : Methods, variables, and preliminary findings*. In F.J.

Morrison, C. Lord & D.P. Keating (Eds.), Applied Developmental Psychology (pp. 231-283). Orlando : Academic Press.
89- Arielle Adda, Hélène Catroux, *L'enfant doué, l'intelligence réconciliée*, Odile Jacob, Paris, 2003.
90- Brooks, R. & Goldstein, S. (2004), *The power of resilience*, Chicago : Contemporary Books.
91- David Servan Schreiber, *Guérir le stress, l'anxiété, la dépression sans médicaments, ni psychanalyse*, Pocket, 2011.
92- Marie-France Hirigoyen, *Le harcèlement moral, la violence perverse au quotidien,* Pocket, 2011.
93- Yves-Hiram Haesevoets, *Traumatismes de l'enfance et de l'adolescence : un autre regard sur la souffrance psychique*, De Boeck, 2016.
94- Harold Searles, *L'effort pour rendre l'autre fou*, Gallimard, 2003.
95- Christel Petitcollin, *Je pense trop : comment canaliser ce mental envahissant*, Guy Trédaniel Editeur, 2010.

Remerciements

Mes premières pensées vont vers Cristina de Stefano : ce livre dormirait sans doute encore paisiblement dans un fichier d'ordinateur, si je n'avais pas découvert son excellente biographie d'Oriana Fallaci. Et pour avoir très gentiment accepté de corriger une partie de mon texte.

A Nelly, pour sa relecture franche, attentive et pertinente.

A Arielle Adda, qui m'a montré le chemin avec délicatesse.

A Marie-Reine, pour la jolie fenêtre ensoleillée qu'elle a ouverte dans ma vie.

A Bérangère Alonzi, pour ses intuitions fulgurantes.

A Richard Gaitet.

Et, *last but not least*, à Antoine, à qui ce livre doit beaucoup.

PSYCHOLOGIE ET PSYCHANALYSE

AUX ÉDITIONS L'HARMATTAN

Dernières parutions

POUR UNE PSYCHANALYSE DIALECTIQUE
Robion Jacques
La cure analytique a pour but de mettre à jour une contradiction, en relation avec un refoulement. Celui-ci doit être supprimé, afin que le sujet puisse retrouver sa capacité de synthèse. L'auteur s'appuie sur les concepts de l'identification, de la négation et de la synthèse pour montrer la nature dialectique de la psychanalyse.
(11.50 euros, 82 p.)
ISBN : 978-2-343-13639-4, ISBN EBOOK : 978-2-14-005326-9

PSYCHOPATHOLOGIES DE LA MATERNITÉ
Le cas des fausses couches répétées
Izquierdo Anne-Tina
Les psychopathologies de la maternité touchent environ 20 % des femmes. Cet ouvrage examine la problématique des fausses couches à répétition. L'auteur pose la question du rôle de l'inconscient dans l'arrêt d'une grossesse, ainsi que les raisons et les facteurs déclenchants. L'inconscient d'une femme a-t-il un rôle dans l'arrêt des grossesses ?
(17.00 euros, 156 p.)
ISBN : 978-2-343-13526-7, ISBN EBOOK : 978-2-14-005266-8

L'OBSERVATION D'UN BÉBÉ DE ZÉRO À DEUX ANS DANS SA FAMILLE
Commentaire psychanalytique
Athanassiou-Popesco Cléopâtre
Cet ouvrage livre le témoignage par l'auteur de l'expérience acquise durant des années dans l'observation du bébé dans sa famille. L'auteur donne les clés qui permettent d'analyser les premiers développements du bébé d'un point de vue psychique, notamment grâce à l'importance du lien avec la mère. Le lecteur pourra, grâce à l'ouvrage, se faire une idée de l'observation psychanalytique de l'enfant.
(Coll. Études Psychanalytiques, 30.00 euros, 288 p.)
ISBN : 978-2-343-13444-4, ISBN EBOOK : 978-2-14-005228-6

INFLUENCE SOCIOCULTURELLE SUR LA SOUFFRANCE PSYCHIQUE
Une question de place
Volta Agnès, Rollet Jean-Claude
État d'instabilité, manifestations d'anxiété, décohésions familiales, épuisement professionnel connaissent un fort accroissement aujourd'hui. Leur origine semble liée aux transformations profondes de notre société et la difficulté d'y

trouver sa place tant dans la vie personnelle que professionnelle et sociétale. À l'écoute des patients, le psychothérapeute est confronté à la manière dont la société génère ses propres symptômes capables d'influencer les symptômes individuels.
(Coll. Psycho-Logiques, 14.00 euros, 122 p.)
ISBN : 978-2-343-13525-0, ISBN EBOOK : 978-2-14-005251-4

LE TEMPS ET LE CERVEAU
Rêve, psychanalyse et neurosciences
Movallali Keramat
À partir de la découverte freudienne et de l'enseignement lacanien, l'auteur propose une appréhension de la pulsion en général et du rêve en particulier. Il interroge les neurosciences par leur développement, mais aussi leurs découvertes dans le domaine du rêve comme un état altéré de conscience. Le défi est alors de confronter la psychanalyse aux neurosciences modernes pour surmonter leur divergence.
(Coll. Psychanalyse et civilisations, 39.00 euros, 434 p.)
ISBN : 978-2-343-13524-3, ISBN EBOOK : 978-2-14-005289-7

LES RÉPARATIONS THÉRAPEUTIQUES
Robion Jacques
Il n'y a pas de psychothérapie qui ne soit une tentative de réparation. L'auteur présente dans cet ouvrage le rapport entre la perturbation psychique (fonction d'information) et synaptique (fonction neuronale). Il faut tout d'abord déterminer d'où vient la panne, pour pouvoir savoir où porter la réparation.
(10.50 euros, 70 p.)
ISBN : 978-2-343-13569-4, ISBN EBOOK : 978-2-14-005323-8

PRÉVENTION, VOUS AVEZ DIT PRÉVENTION ?
Association La Maison Verte
Admis et partagé par l'ensemble des intervenants dans les lieux d'accueil Enfants-Parents, le terme de «Prévention» reste trop générique pour préciser la pratique et l'encadrement des troubles et dysfonctionnements importants auxquels il s'applique. Cet ouvrage retranscrit le colloque de La Maison Verte, lieu d'accueil ouvert aux jeunes enfants et aux parents, qui s'est tenu en janvier 2017.
(Coll. Études Psychanalytiques, 17.00 euros, 164 p.)
ISBN : 978-2-343-13185-6, ISBN EBOOK : 978-2-14-005365-8

PSYCHOLOGIE DE L'ENFANT ET PÉDAGOGIE EXPÉRIMENTALE (1905)
Claparède Édouard - Présenté par Andreea Capitanescu Benetti et Olivier Maulini
Psychologie de l'enfant et pédagogie expérimentale, publié par Édouard Claparède en 1905, a jeté les bases d'une vision nouvelle de l'enseignement. Cet ouvrage reproduit l'édition originale du texte du psychologue, en y ajoutant des analyses signées par des chercheurs en éducation. Les concepts clés de la motivation et de l'apprentissage scolaire sont ici reposés.
(Coll. Encyclopédie psychologique, 20.00 euros, 190 p.)
ISBN : 978-2-343-13585-4, ISBN EBOOK : 978-2-14-005383-2

RENCONTRES AVEC LA CASTRATION MATERNELLE
Sous la direction de Dominique Wintrebert Georges Haberberg et Elisabeth Leclerc-Razavet – Préface d'Alexandre Stevens
La castration maternelle est un concept-clé de la psychanalyse que Freud nous a transmis. Il a fait frissonner son temps en mettant au centre de la doctrine psychanalytique l'enjeu structural, pour l'enfant, de la découverte de la position de la mère dans la sexuation, dans son rapport au père. Le petit d'homme commence par l'ignorer, mais fait après-coup cette découverte pénible qui le met en crise. Ce concept a été diversement exploité dans la psychanalyse jusqu'à ce que Lacan lui donne toute sa puissance symbolique. Qu'en est-il aujourd'hui ?
(Coll. Études Psychanalytiques, 20.00 euros, 182 p.)
ISBN : 978-2-343-13531-1, ISBN EBOOK : 978-2-14-005189-0

L'INTESTIN, L'AUTRE CERVEAU ?
Le point de vue d'un psychologue hospitalier
Viard Philippe
Les médias ont souvent l'habitude de mentionner l'intestin comme «second cerveau». L'opinion populaire a depuis longtemps présenté le ventre comme siège des émotions. Pour l'auteur, la vie nerveuse est un tout. Il s'agit ici d'améliorer les soins des personnes souffrantes, de les comprendre et non de disserter sur une nouvelle métaphysique neuropsychologique.
(Coll. Psyché de par le monde, 21.50 euros, 200 p.)
ISBN : 978-2-343-13197-9, ISBN EBOOK : 978-2-14-004972-9

LE MODÈLE DE L'INTERPRÉTATION PERCEPTIVE D'HERMANN RORSCHACH
Silberstein Fernando
En 1921, Hermann Rorschach publia son test de tâches d'encre sous le nom de *Psychodiagnostic*. Ce livre présente une analyse des conceptions théoriques de Rorschach, de ses sources intellectuelles et des influences culturelles directes et indirectes subies pour arriver à une compréhension approfondie des idées innovatrices de son auteur.
(Coll. Psycho-Logiques, 15.50 euros, 146 p.)
ISBN : 978-2-343-00962-9, ISBN EBOOK : 978-2-14-005055-8

LA PSYCHOTHÉRAPIE NON VERBALE DES TRAUMAS
Un autre chemin pour guérir du psychotraumatisme
Mayer Bernard
Bernard Mayer développe depuis les années 1980 la Thérapie intégrative Corps-Esprit. Longtemps la psychothérapie a négligé le corps et sa physiologie. Le corps est le centre et point de départ d'une expérience complète qui relie toutes les parties de notre être. Ainsi, la réunification de la personnalité dissociée est rapidement montrée. Cette façon de procéder appréhende le patient dans sa globalité, la place du corps étant au centre de la dynamique de changement.
(Coll. Épistémologie et philosophie des sciences, 17.50 euros, 160 p.)
ISBN : 978-2-343-13260-0, ISBN EBOOK : 978-2-14-005176-0

URGENCE ET RELAXATION
Comment la relaxation thérapeutique peut-elle répondre à la pression d'une demande urgente ?
13e Colloque de la SFRP
Sous la direction de Christophe Peugnet, Philippe Nubukpo, Frank Suzzoni et Aurore Juillard
Comme de nombreuses psychothérapies, la cure de relaxation s'inscrit dans une durée imprévisible et non quantifiable. Cet ouvrage repose sur le 13e Colloque de la Société française de relaxation psychothérapeutique et fait état des rapports entre relaxation et durée induits par les transformations de la société.
(Éditions PENTA, 24.50 euros, 242 p.)
ISBN : 978-2-917714-20-1, ISBN EBOOK : 978-2-14-004934-7

LA VOIX ENTRE MÈRE ET BÉBÉ
La structure de soi dans l'échange vocal
Perrouault Dominique
Quelle est la place de la voix dans le développement psychologique d'un jeune enfant ? Le rapport qui lie la voix au soi émerge suite aux nombreux échanges entre le nourrisson et la mère, personnage central de son entourage. Ces interactions permettent de faire émerger « le soi vocal virtuel », fondé sur ce rapport vocal mère-nourrisson. Avant que l'image prenne l'avantage pour que le moi se dessine, comment le soi s'actualise-t-il donc dans l'échange vocal ? C'est dans le silence de la séparation des voix que pourra éclore celle de l'enfant.
(Coll. Psychanalyse et civilisations, 18.50 euros, 176 p.)
ISBN : 978-2-343-13255-6, ISBN EBOOK : 978-2-14-005172-2

AGIR POUR, SUR ET AVEC AUTRUI
Les couplages d'activités
Sous la direction de Jean-Marie Barbier et Joris Thievenaz
La notion de couplage d'activités entre sujets semble pertinente pour rendre compte de la polyfonctionnalité des interactions humaines au-delà de leurs intentions. Telle est l'hypothèse de cet ouvrage dont les auteurs s'emparent de façon personnelle au regard de leurs terrains.
(Coll. Action et savoir, 29.00 euros, 294 p.)
ISBN : 978-2-343-13418-5, ISBN EBOOK : 978-2-14-005173-9

HISTOIRE SENSIBLE DU TOUCHER
Vincent-Buffault Anne
L'histoire sensible du toucher se compose de caresse, vulnérabilité, chaleur, gestes du travail, transformation de la matière... La douceur côtoie la volonté de maîtrise. Le contact est à l'articulation de l'affect et de la pensée. Il peut ainsi causer une déflagration, ou par son absence marquer les hiérarchies ou engendrer des régimes d'indifférence. L'histoire du toucher est celle de notre ouverture sensible au-dehors.
(Coll. Clinique et changement social, 19.00 euros, 164 p.)
ISBN : 978-2-343-13431-4, ISBN EBOOK : 978-2-14-005153-1

Structures éditoriales du groupe L'Harmattan

L'Harmattan Italie
Via degli Artisti, 15
10124 Torino
harmattan.italia@gmail.com

L'Harmattan Hongrie
Kossuth l. u. 14-16.
1053 Budapest
harmattan@harmattan.hu

L'Harmattan Sénégal
10 VDN en face Mermoz
BP 45034 Dakar-Fann
senharmattan@gmail.com

L'Harmattan Mali
Sirakoro-Meguetana V31
Bamako
syllaka@yahoo.fr

L'Harmattan Cameroun
TSINGA/FECAFOOT
BP 11486 Yaoundé
inkoukam@gmail.com

L'Harmattan Togo
Djidjole – Lomé
Maison Amela
face EPP BATOME
ddamela@aol.com

L'Harmattan Burkina Faso
Achille Somé – tengnule@hotmail.fr

L'Harmattan Côte d'Ivoire
Résidence Karl – Cité des Arts
Abidjan-Cocody
03 BP 1588 Abidjan
espace_harmattan.ci@hotmail.fr

L'Harmattan Guinée
Almamya, rue KA 028 OKB Agency
BP 3470 Conakry
harmattanguinee@yahoo.fr

L'Harmattan Algérie
22, rue Moulay-Mohamed
31000 Oran
info2@harmattan-algerie.com

L'Harmattan RDC
185, avenue Nyangwe
Commune de Lingwala – Kinshasa
matangilamusadila@yahoo.fr

L'Harmattan Maroc
5, rue Ferrane-Kouicha, Talaâ-Elkbira
Chrableyine, Fès-Médine
30000 Fès
harmattan.maroc@gmail.com

L'Harmattan Congo
67, boulevard Denis-Sassou-N'Guesso
BP 2874 Brazzaville
harmattan.congo@yahoo.fr

Nos librairies en France

Librairie internationale
16, rue des Écoles – 75005 Paris
librairie.internationale@harmattan.fr
01 40 46 79 11
www.librairieharmattan.com

Lib. sciences humaines & histoire
21, rue des Écoles – 75005 Paris
librairie.sh@harmattan.fr
01 46 34 13 71
www.librairieharmattansh.com

Librairie l'Espace Harmattan
21 bis, rue des Écoles – 75005 Paris
librairie.espace@harmattan.fr
01 43 29 49 42

Lib. Méditerranée & Moyen-Orient
7, rue des Carmes – 75005 Paris
librairie.mediterranee@harmattan.fr
01 43 29 71 15

Librairie Le Lucernaire
53, rue Notre-Dame-des-Champs – 75006 Paris
librairie@lucernaire.fr
01 42 22 67 13